India Desjardins & Magalie Foutrier

LA CÉLIBATAIRE

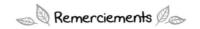

Remerciements

India

Pour les idées : Simon Olivier Fecteau, Martin Perizzolo, Emily Brunton, Gina Desjardins, Pascale Lévesque, Reem Khericci, Claudia Larochelle, Mélanie Beaudoin, Mélanie L. Robichaud, Maude Vachon, Sonia Sarfati, Mélanie Blanchette, Mélanie Campeau, Lise Giguère.
Pour la confiance, la liberté, l'amitié et la réalisation de ce projet : Elsa Lafon et Dorothy Aubert, ainsi qu'à toute l'équipe de Michel Lafon.
Pour les détails : Nathalie Brunet et Judith Landry.
Et à Magalie, pour la merveilleuse complicité, même à des milliers de kilomètres.

Magalie

Merci Stéphanie et Giovanni pour votre aide précieuse, Virginie et Adrien pour m'avoir souvent donné votre avis et, bien sûr, merci à ma dream team : India et Dorothy, c'était un bonheur de travailler avec vous.
Un grand merci à mon cobaye préféré, Fabrice, car si tu n'étais pas là, je ne dessinerais probablement pas aujourd'hui.

Direction d'ouvrage

Dorothy Aubert, Clara Féquant

LAF 1585

7-13, boulevard Paul-Émile-Victor - Île de la Jatte

92521 Neuilly-sur-Seine Cedex

www.michel-lafon.com

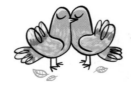

TOUT EST RELATIF

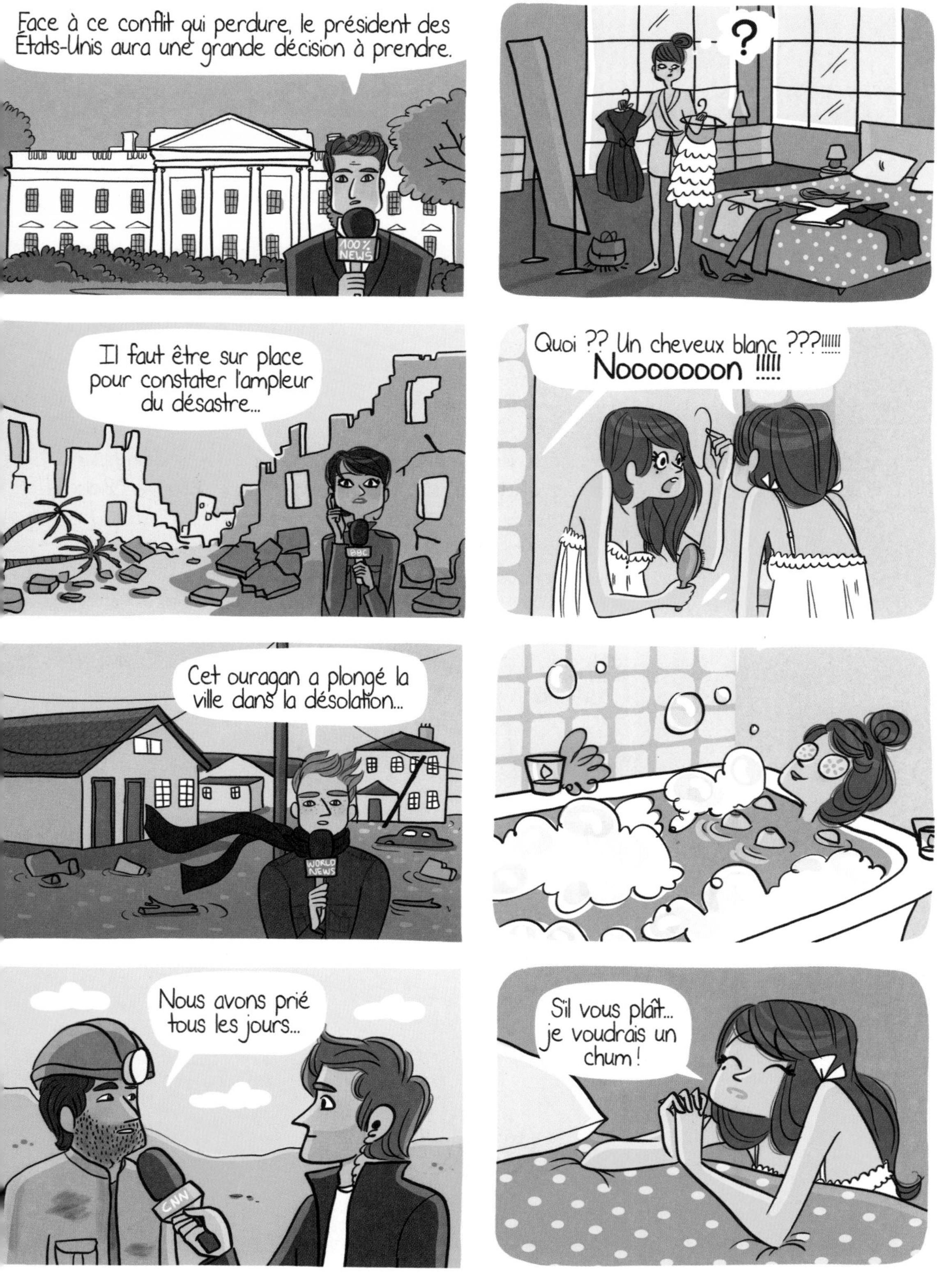
Face à ce conflit qui perdure, le président des États-Unis aura une grande décision à prendre.
100% NEWS
?
Il faut être sur place pour constater l'ampleur du désastre...
BBC
Quoi ?? Un cheveux blanc ???!!!!!!
Nooooooon !!!!!
Cet ouragan a plongé la ville dans la désolation...
WORLD NEWS
Nous avons prié tous les jours...
CNN
S'il vous plaît... je voudrais un chum !

FAR WEST

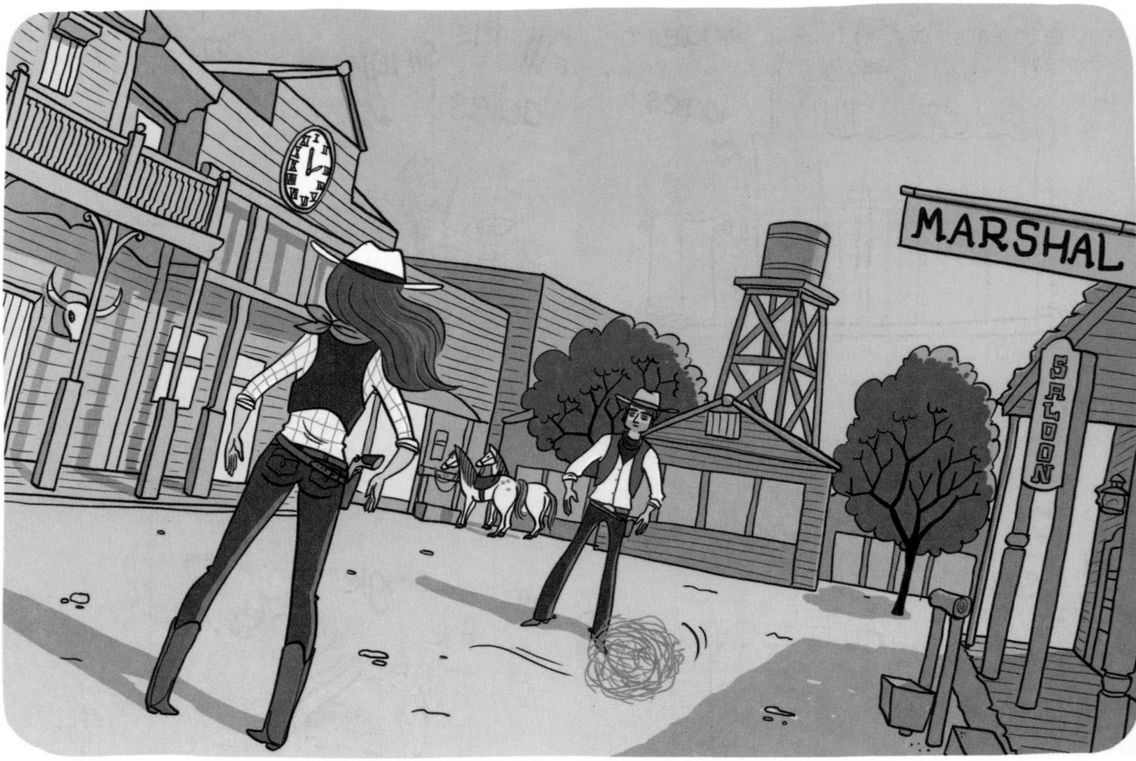
MARSHAL
SALOON

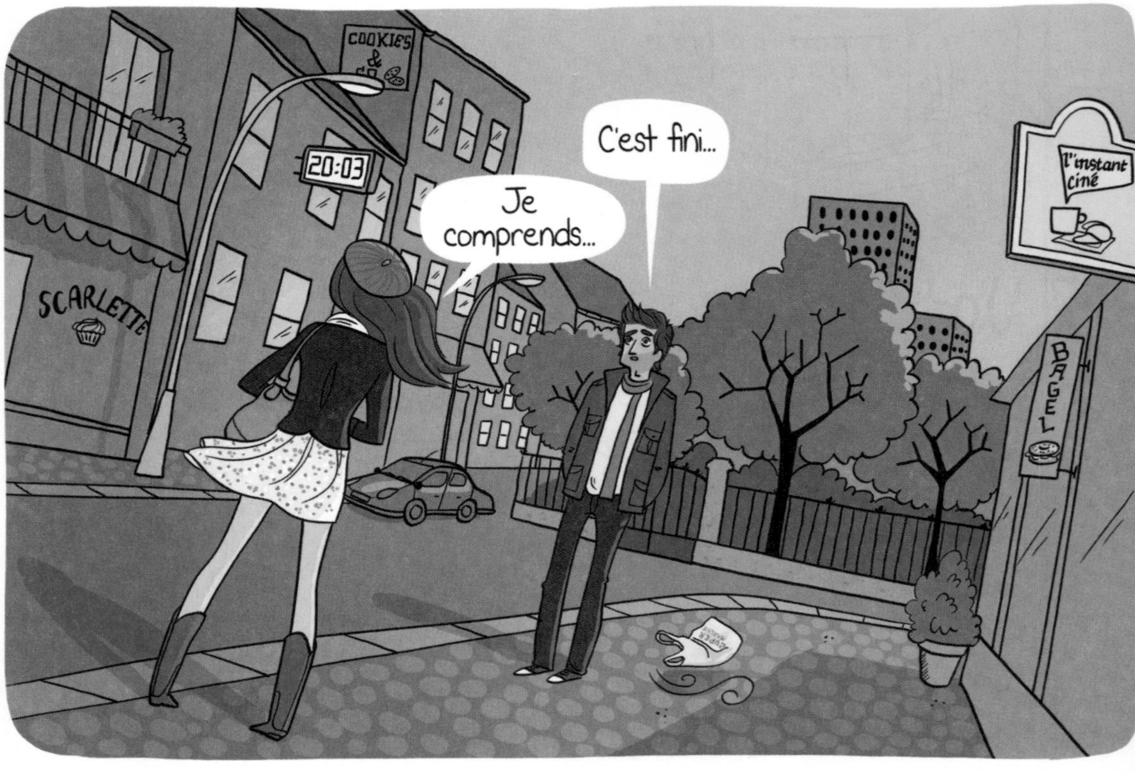
COOKIES
&
20:03
SCARLETTE
l'instant ciné
BAGEL
C'est fini...
Je comprends...

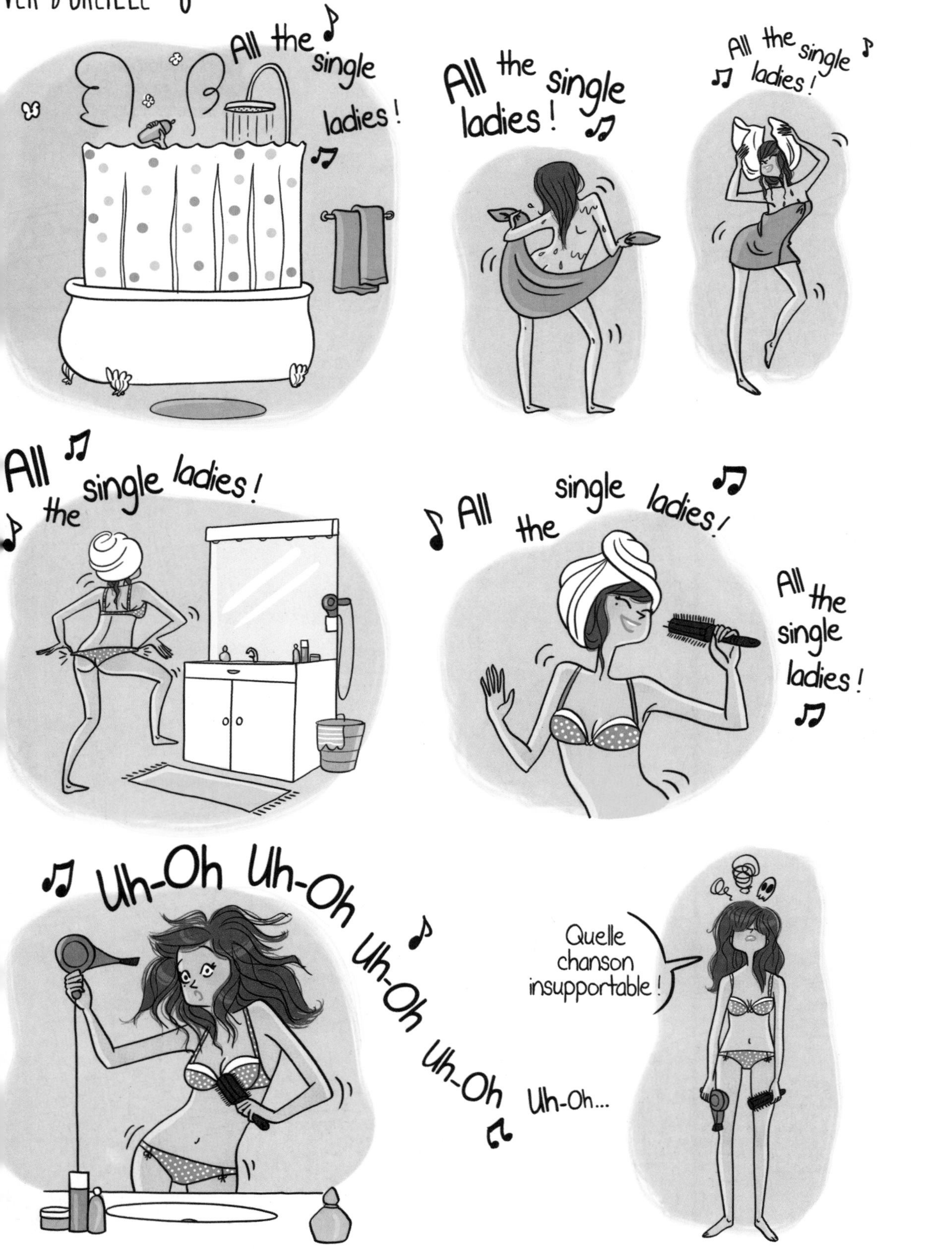
All the single ladies !
All the single ladies !
All the single ladies !
All the single ladies !
All the single ladies !
All the single ladies !
Uh-Oh Uh-Oh Uh-Oh Uh-Oh Uh-Oh...
Quelle chanson insupportable !

LES CLICHÉS

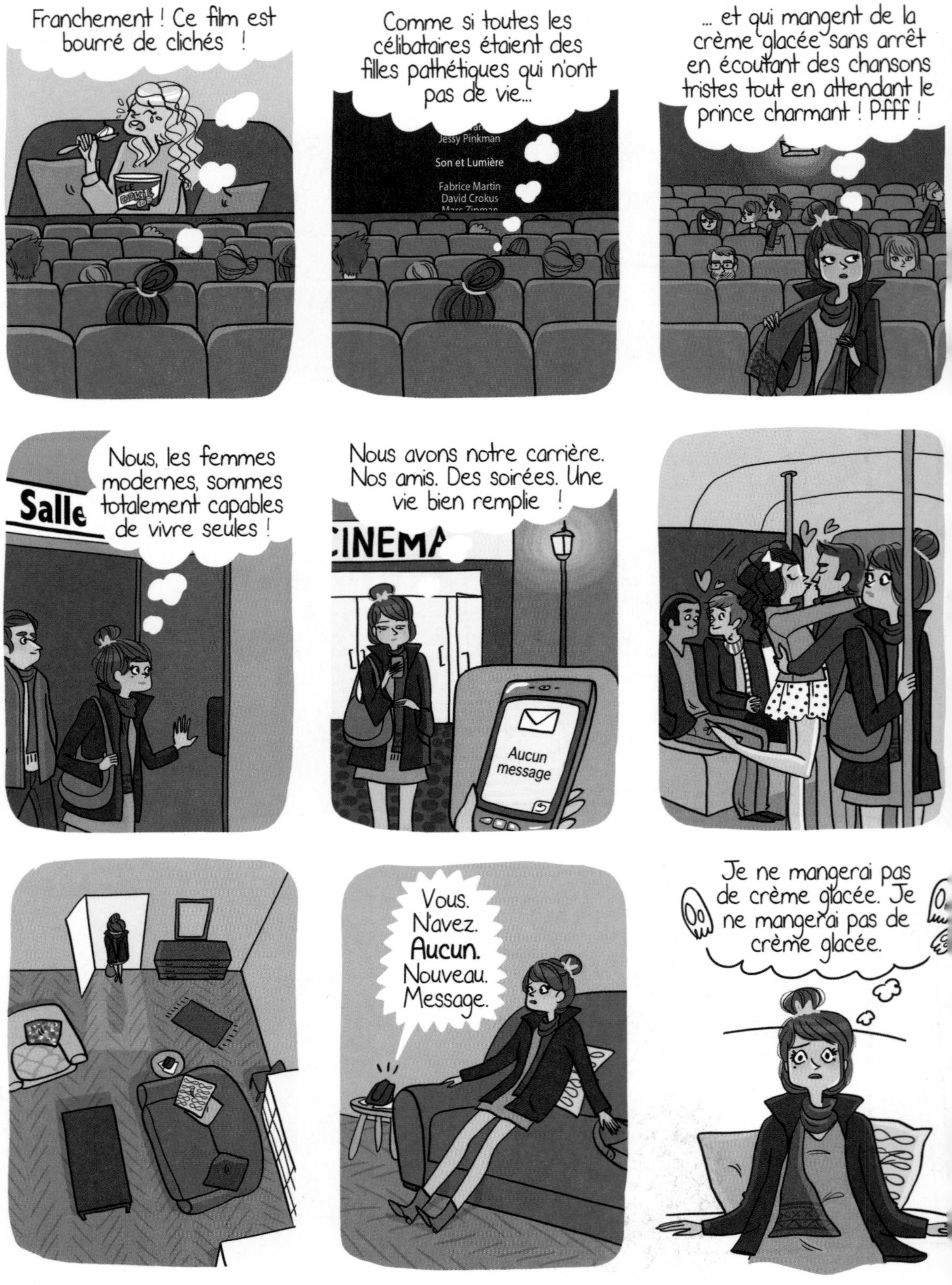
Franchement ! Ce film est bourré de clichés !
Comme si toutes les célibataires étaient des filles pathétiques qui n'ont pas de vie...
Jessy Pinkman
Son et Lumière
Fabrice Martin
David Crokus
... et qui mangent de la crème glacée sans arrêt en écoutant des chansons tristes tout en attendant le prince charmant ! Pfff !
Salle
Nous, les femmes modernes, sommes totalement capables de vivre seules !
CINEMA
Nous avons notre carrière. Nos amis. Des soirées. Une vie bien remplie !
Aucun message
Vous. N'avez. **Aucun.** Nouveau. Message.
Je ne mangerai pas de crème glacée. Je ne mangerai pas de crème glacée.

SEULE AU MONDE

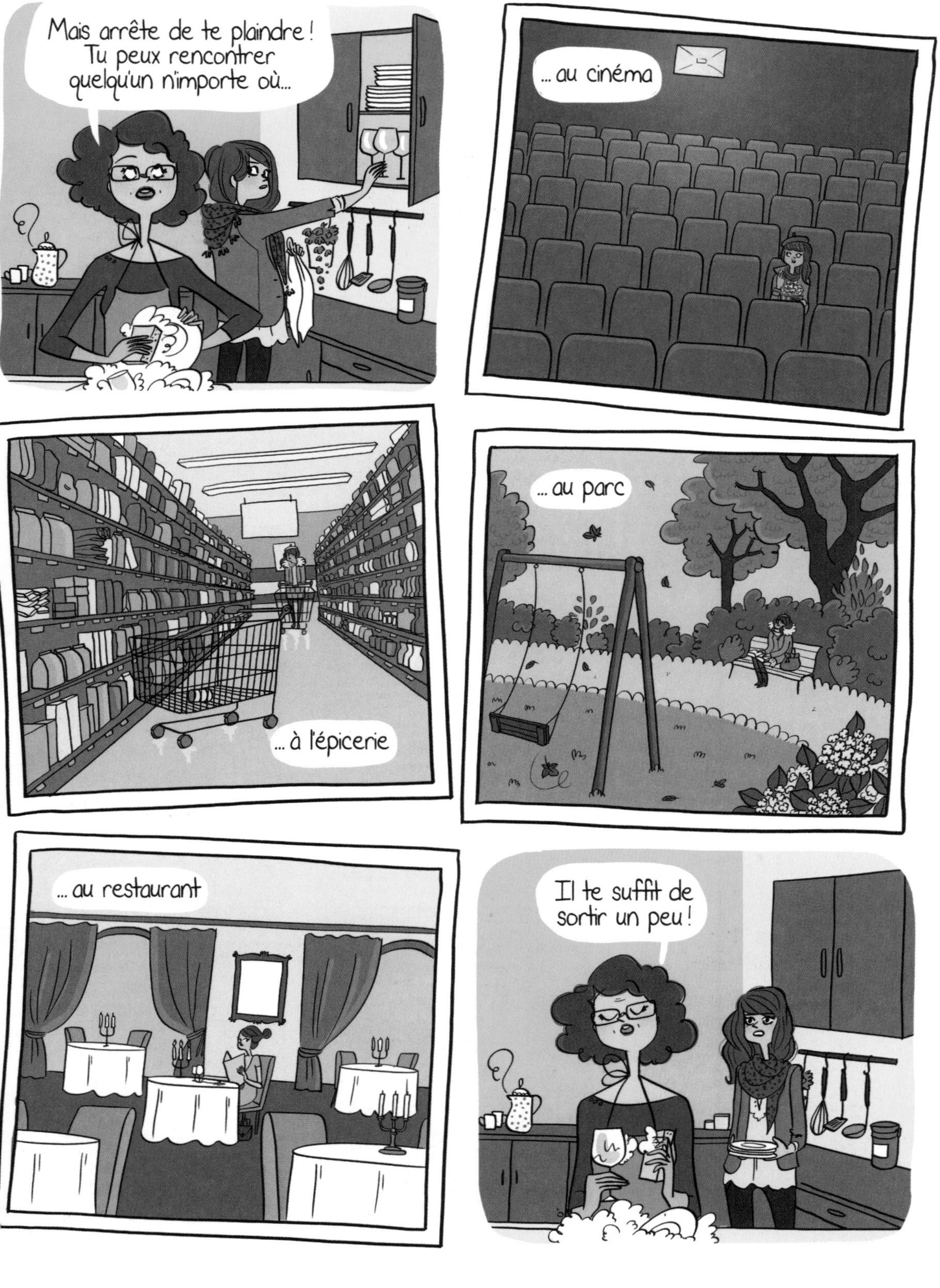
Mais arrête de te plaindre ! Tu peux rencontrer quelqu'un n'importe où...
... au cinéma
... à l'épicerie
... au parc
... au restaurant
Il te suffit de sortir un peu !

AFFINITÉS 101

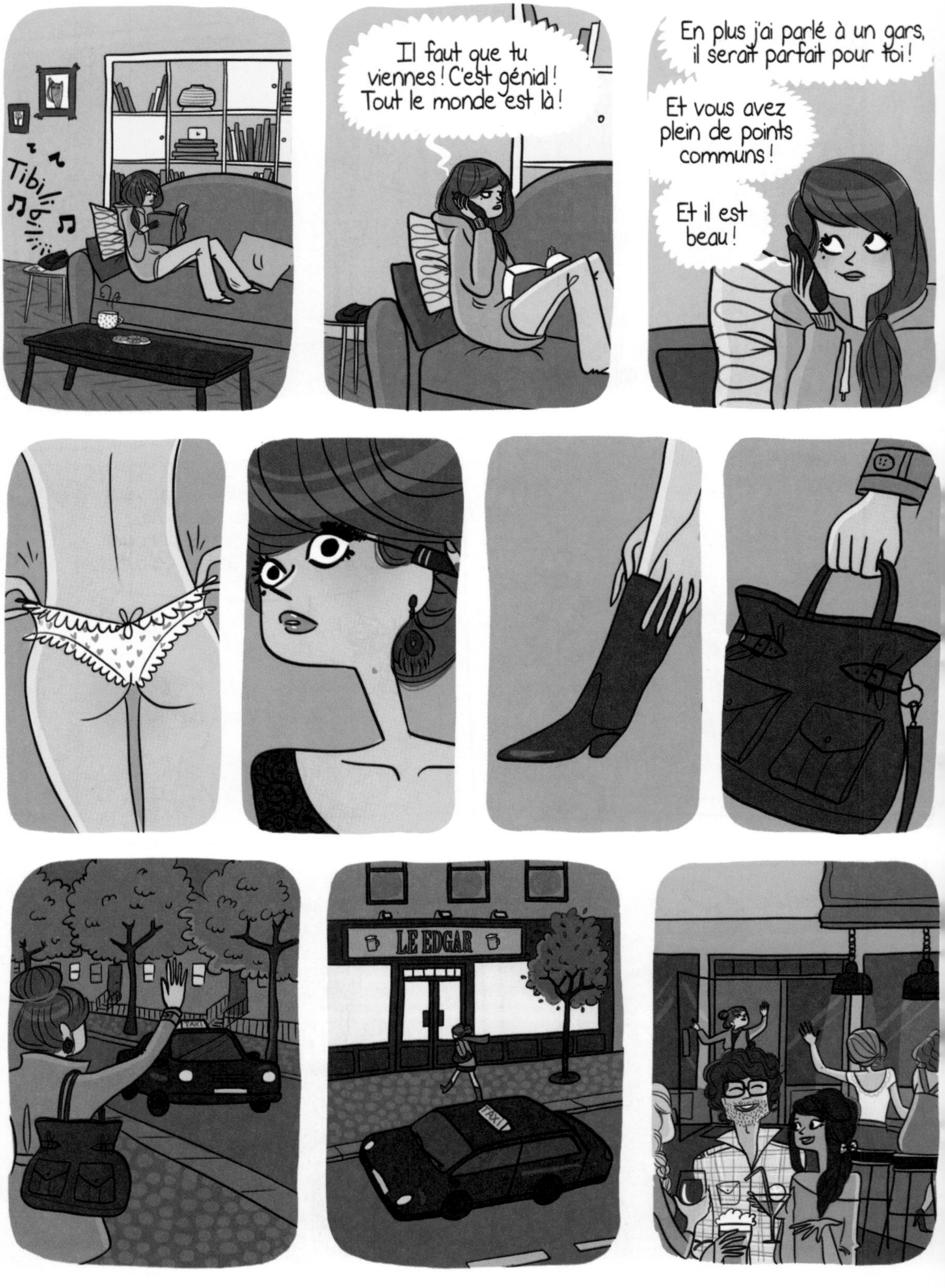
Tibi/i/bi/i/i
Il faut que tu viennes ! C'est génial ! Tout le monde est là !
En plus j'ai parlé à un gars, il serait parfait pour toi !
Et vous avez plein de points communs !
Et il est beau !
LE EDGAR
TAXI

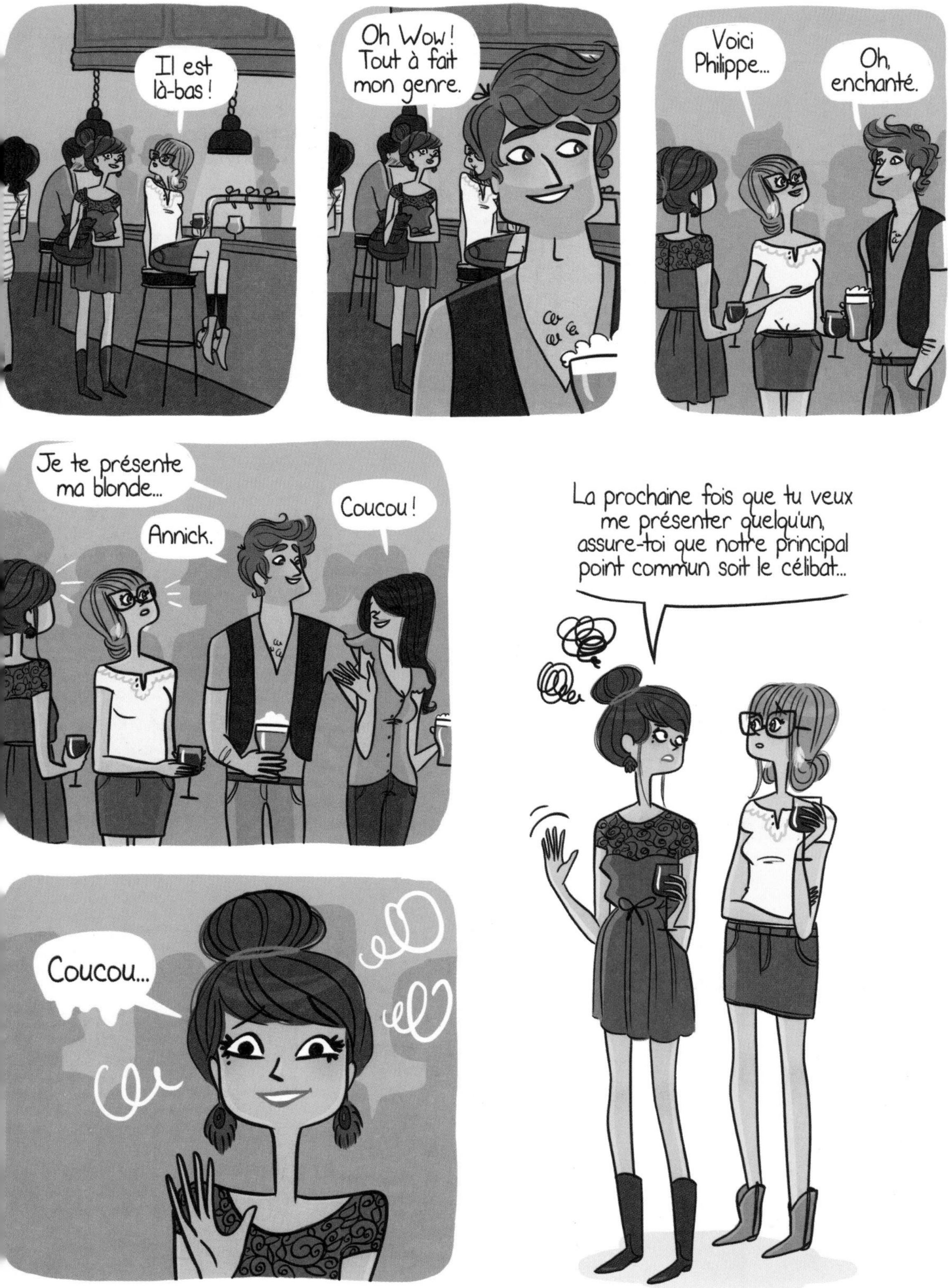
Il est là-bas !
Oh Wow ! Tout à fait mon genre.
Voici Philippe...
Oh, enchanté.
Je te présente ma blonde...
Annick.
Coucou !
Coucou...
La prochaine fois que tu veux me présenter quelqu'un, assure-toi que notre principal point commun soit le célibat...

MAUVAIS NUMÉRO

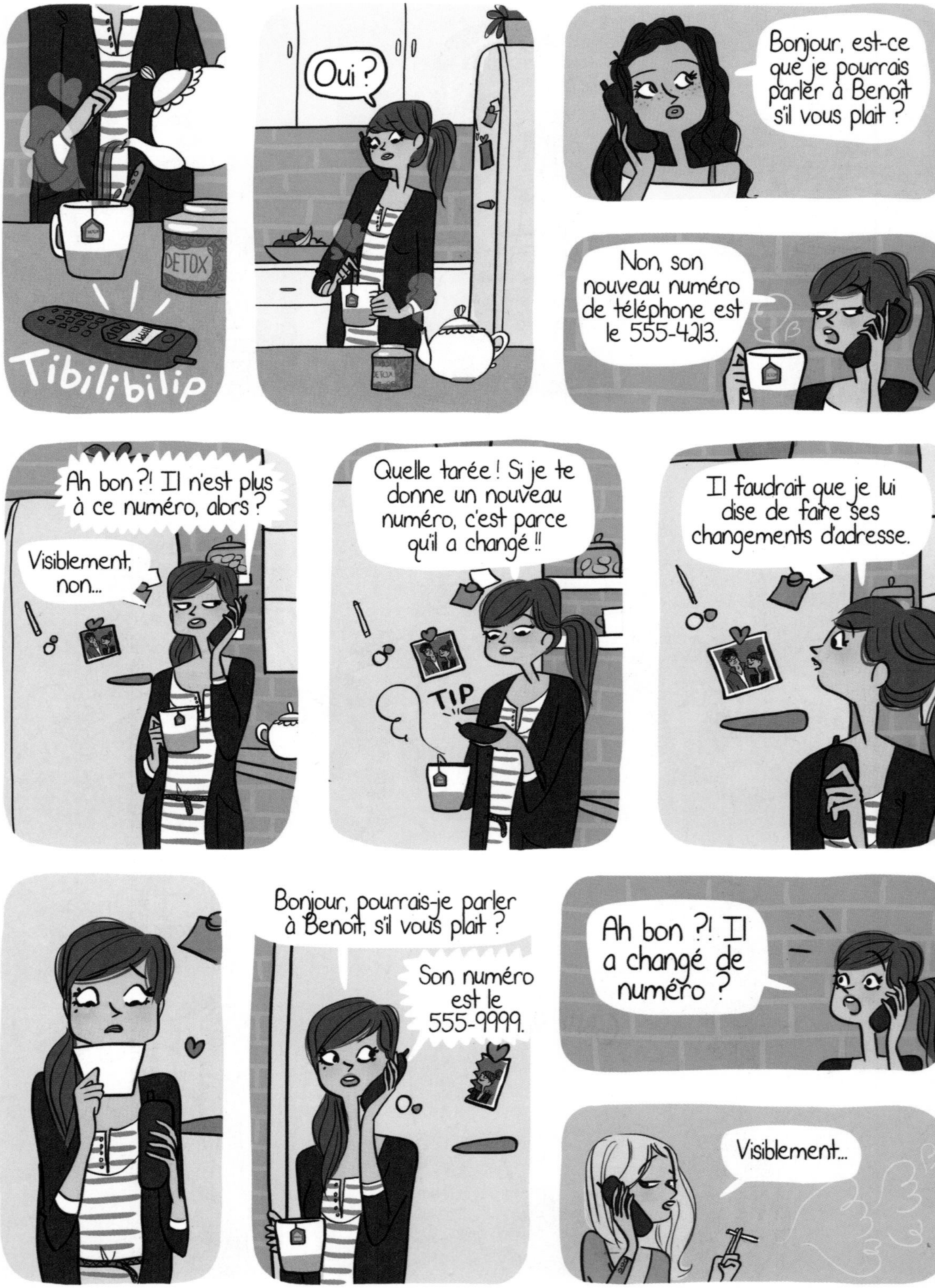
DETOX
Tibilibilip
Oui ?
Bonjour, est-ce que je pourrais parler à Benoît s'il vous plait ?
Non, son nouveau numéro de téléphone est le 555-4213.
Ah bon ?! Il n'est plus à ce numéro, alors ?
Visiblement, non...
Quelle tarée ! Si je te donne un nouveau numéro, c'est parce qu'il a changé !!
TIP
Il faudrait que je lui dise de faire ses changements d'adresse.
Bonjour, pourrais-je parler à Benoît, s'il vous plait ?
Son numéro est le 555-9999.
Ah bon ?! Il a changé de numéro ?
Visiblement...

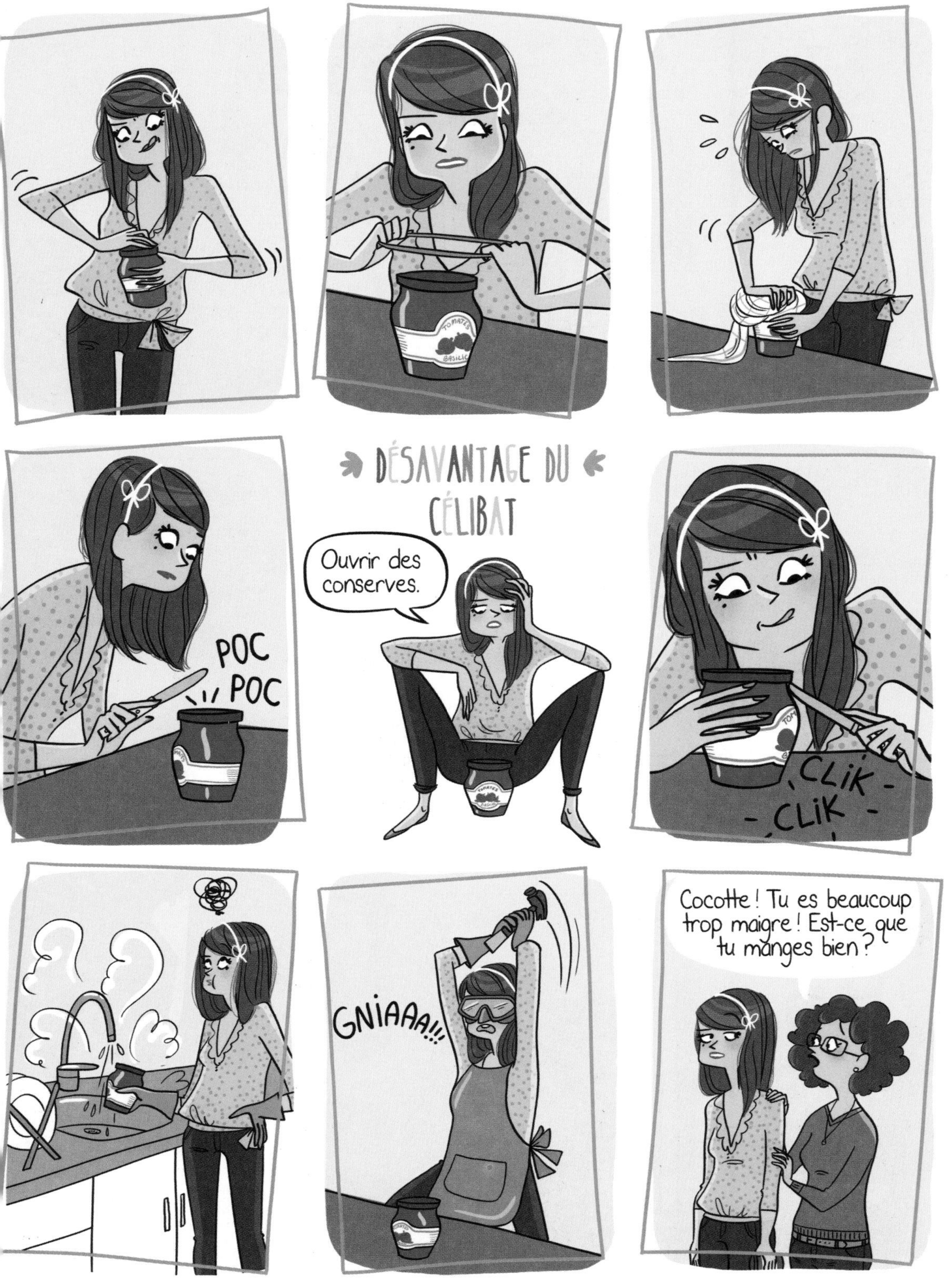
POC
POC
DÉSAVANTAGE DU CÉLIBAT
Ouvrir des conserves.
CLIK
CLIK
GNIAAA!!!
Cocotte ! Tu es beaucoup trop maigre ! Est-ce que tu manges bien ?

L'ESSENCE DU SUCCÈS

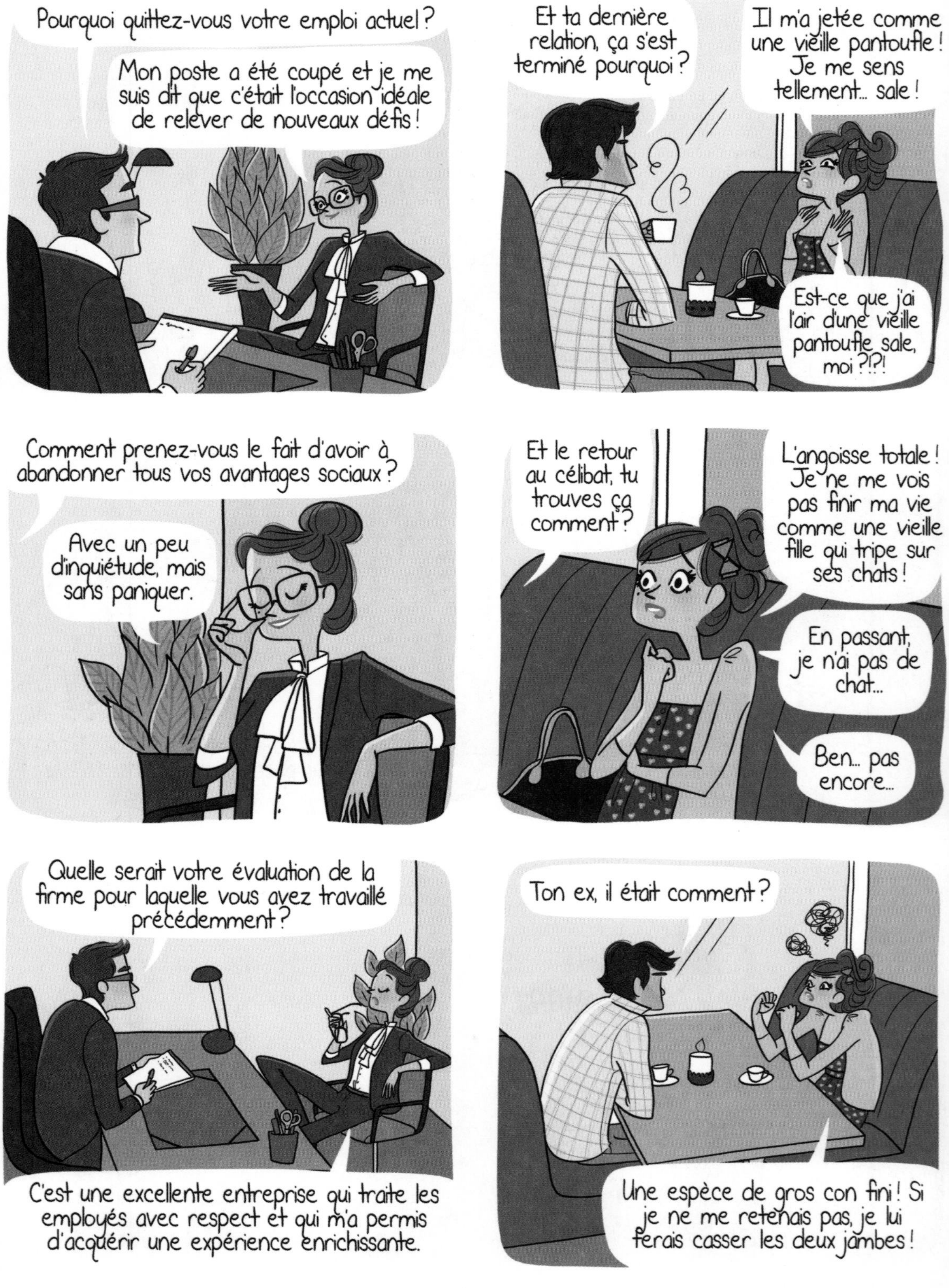

Pourquoi quittez-vous votre emploi actuel ?
Mon poste a été coupé et je me suis dit que c'était l'occasion idéale de relever de nouveaux défis !
Et ta dernière relation, ça s'est terminé pourquoi ?
Il m'a jetée comme une vieille pantoufle ! Je me sens tellement... sale !
Est-ce que j'ai l'air d'une vieille pantoufle sale, moi ?!?!
Comment prenez-vous le fait d'avoir à abandonner tous vos avantages sociaux ?
Avec un peu d'inquiétude, mais sans paniquer.
Et le retour au célibat, tu trouves ça comment ?
L'angoisse totale ! Je ne me vois pas finir ma vie comme une vieille fille qui tripe sur ses chats !
En passant, je n'ai pas de chat...
Ben... pas encore...
Quelle serait votre évaluation de la firme pour laquelle vous avez travaillé précédemment ?
C'est une excellente entreprise qui traite les employés avec respect et qui m'a permis d'acquérir une expérience enrichissante.
Ton ex, il était comment ?
Une espèce de gros con fini ! Si je ne me retenais pas, je lui ferais casser les deux jambes !

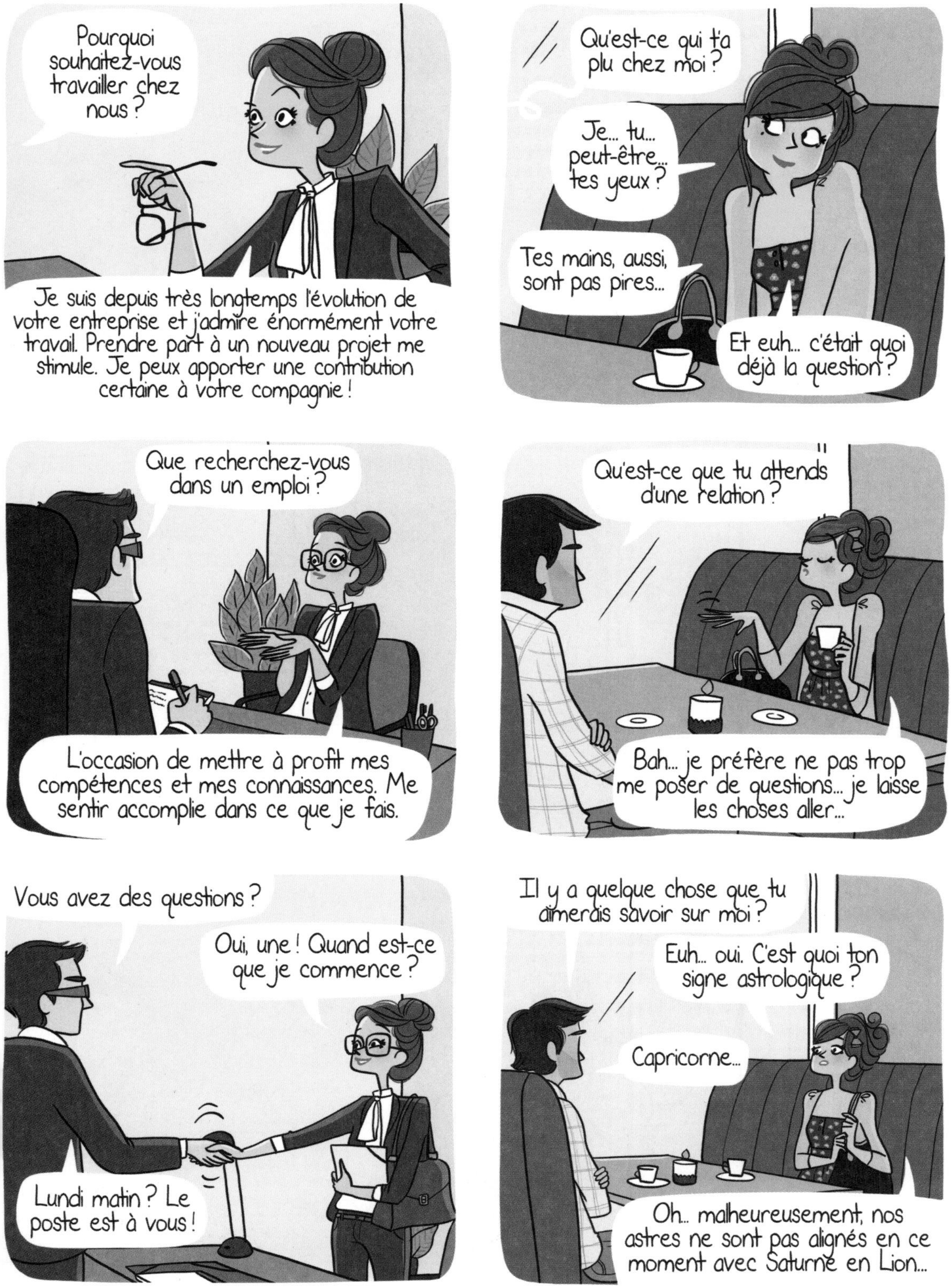
Pourquoi souhaitez-vous travailler chez nous ?
Je suis depuis très longtemps l'évolution de votre entreprise et j'admire énormément votre travail. Prendre part à un nouveau projet me stimule. Je peux apporter une contribution certaine à votre compagnie !
Qu'est-ce qui t'a plu chez moi ?
Je... tu... peut-être... tes yeux ?
Tes mains, aussi, sont pas pires...
Et euh... c'était quoi déjà la question ?
Que recherchez-vous dans un emploi ?
L'occasion de mettre à profit mes compétences et mes connaissances. Me sentir accomplie dans ce que je fais.
Qu'est-ce que tu attends d'une relation ?
Bah... je préfère ne pas trop me poser de questions... je laisse les choses aller...
Vous avez des questions ?
Oui, une ! Quand est-ce que je commence ?
Lundi matin ? Le poste est à vous !
Il y a quelque chose que tu aimerais savoir sur moi ?
Euh... oui. C'est quoi ton signe astrologique ?
Capricorne...
Oh... malheureusement, nos astres ne sont pas alignés en ce moment avec Saturne en Lion...

UNE ALIMENTATION SAINE

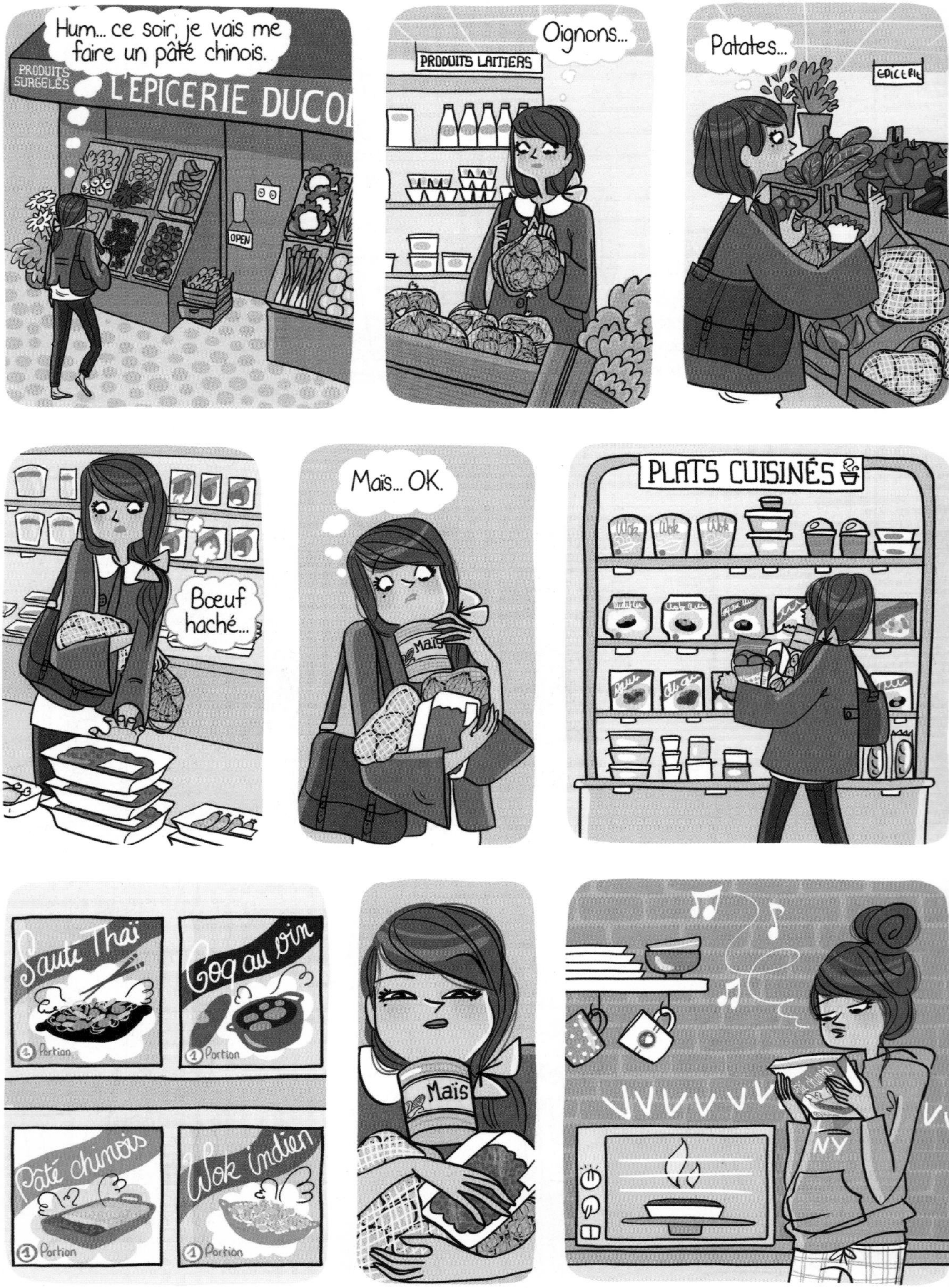
Hum... ce soir, je vais me faire un pâté chinois.
PRODUITS SURGELÉS
L'EPICERIE DUCO
OPEN
PRODUITS LAITIERS
Oignons...
Patates...
EPICERIE
Bœuf haché...
Maïs... OK.
Maïs
PLATS CUISINÉS
Wok
Wok
Wok
Sauté Thaï
1 Portion
Coq au vin
1 Portion
Pâté chinois
1 Portion
Wok indien
1 Portion
Maïs
NY

L'ART DE RECYCLER

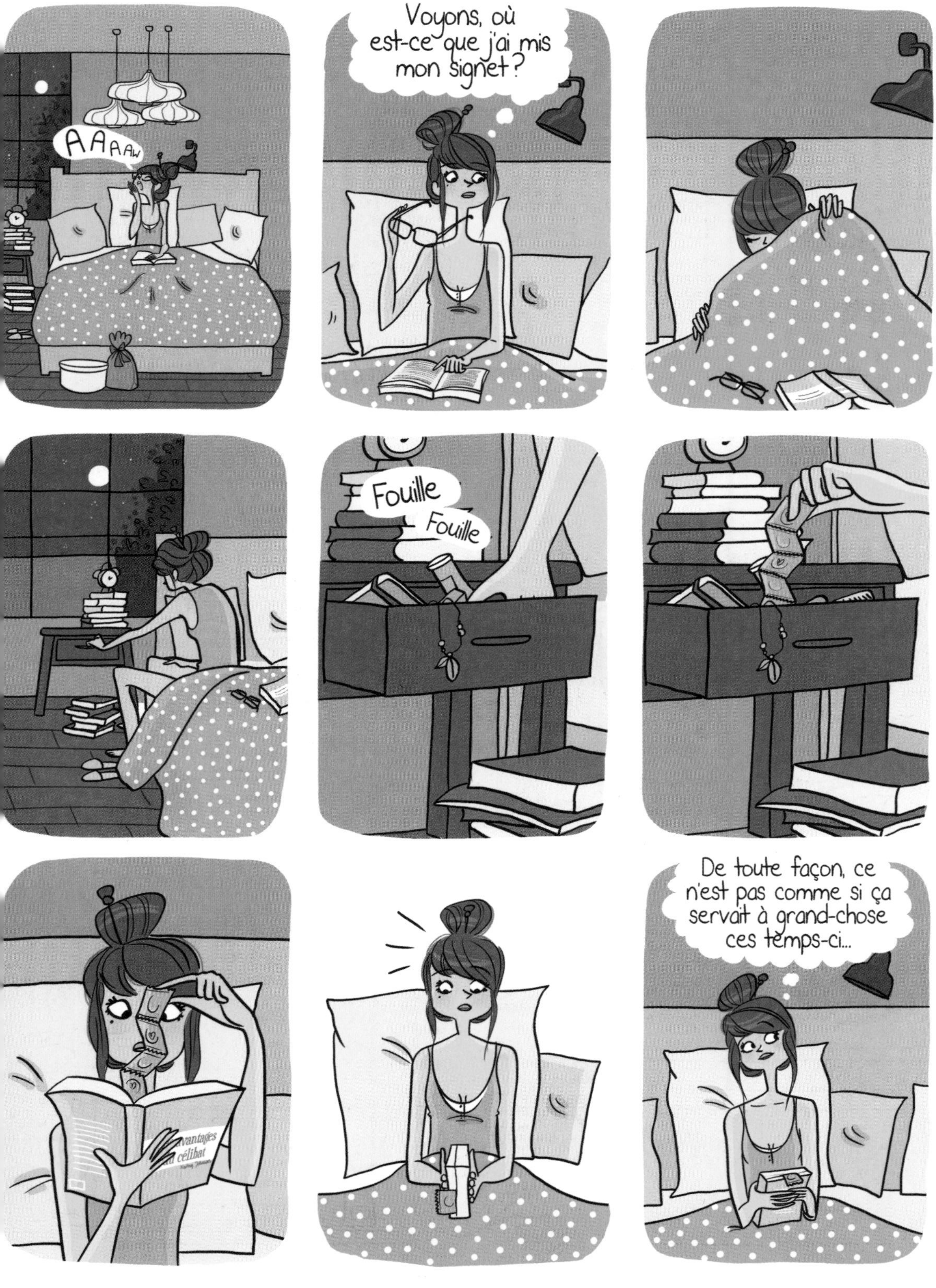
AAAAAW
Voyons, où est-ce que j'ai mis mon signet ?
Fouille
Fouille
De toute façon, ce n'est pas comme si ça servait à grand-chose ces temps-ci...

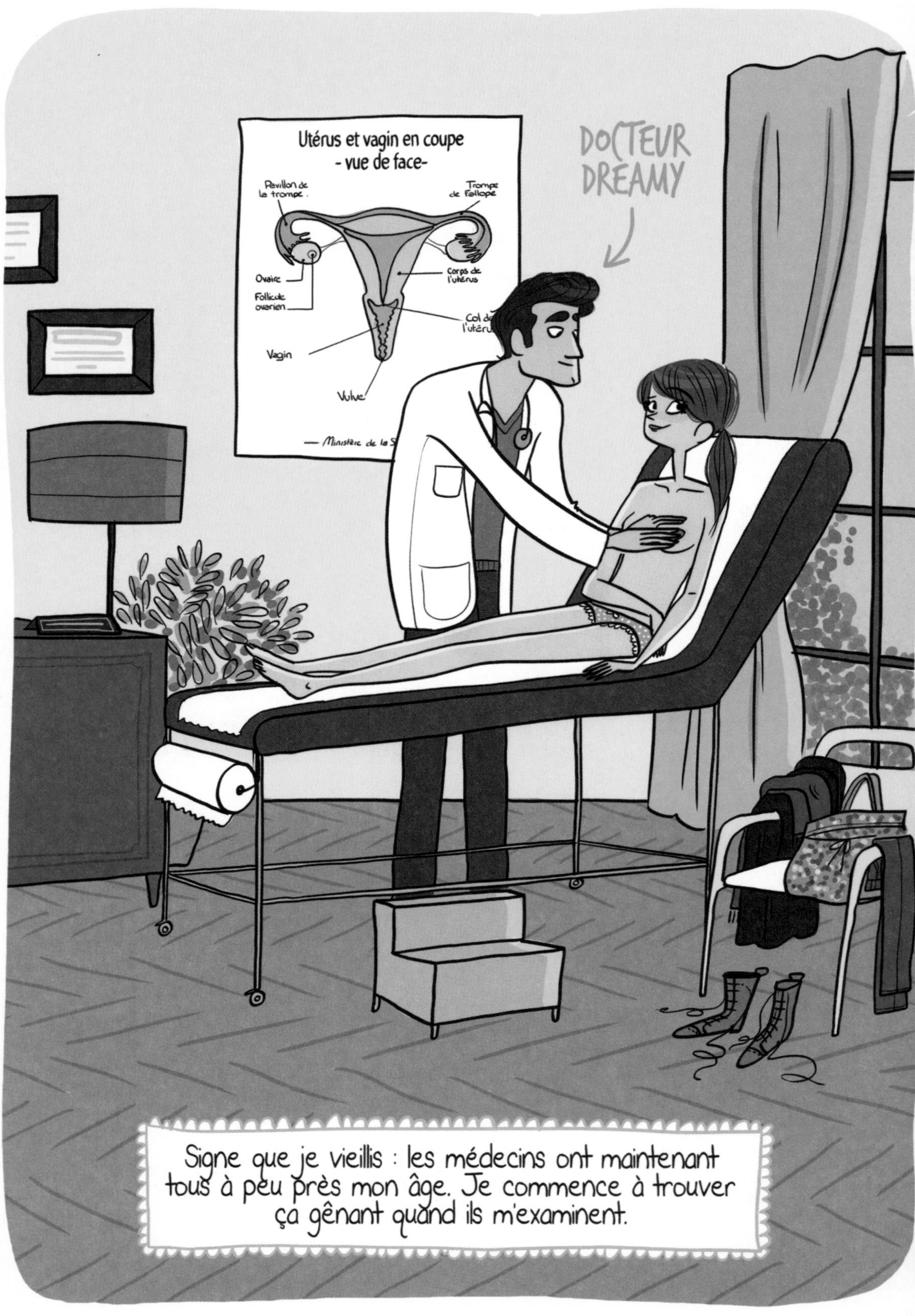
Utérus et vagin en coupe
- vue de face-
Pavillon de la trompe.
Trompe de Fallope
Ovaire
Follicule ovarien
Corps de l'utérus
Vagin
Vulve
DOCTEUR DREAMY
Signe que je vieillis : les médecins ont maintenant tous à peu près mon âge. Je commence à trouver ça gênant quand ils m'examinent.

TELLEMENT FINI

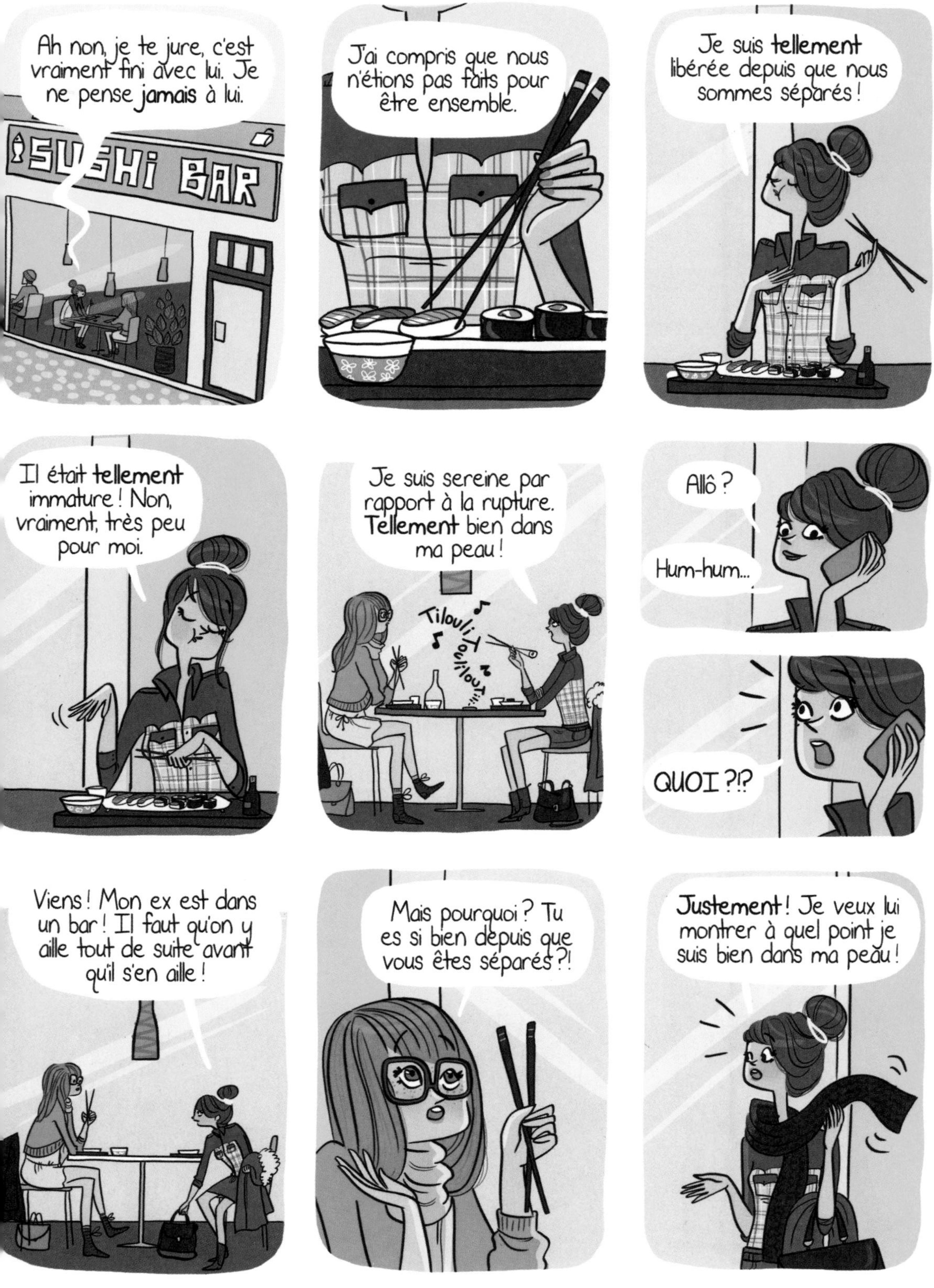
Ah non, je te jure, c'est vraiment fini avec lui. Je ne pense **jamais** à lui.
SUSHI BAR
J'ai compris que nous n'étions pas faits pour être ensemble.
Je suis **tellement** libérée depuis que nous sommes séparés !
Il était **tellement** immature ! Non, vraiment, très peu pour moi.
Je suis sereine par rapport à la rupture. **Tellement** bien dans ma peau !
Tilouli
Allô ?
Hum-hum...
QUOI ?!?
Viens ! Mon ex est dans un bar ! Il faut qu'on y aille tout de suite avant qu'il s'en aille !
Mais pourquoi ? Tu es si bien depuis que vous êtes séparés ?!
Justement ! Je veux lui montrer à quel point je suis bien dans ma peau !

SITUATION SOUS CONTRÔLE

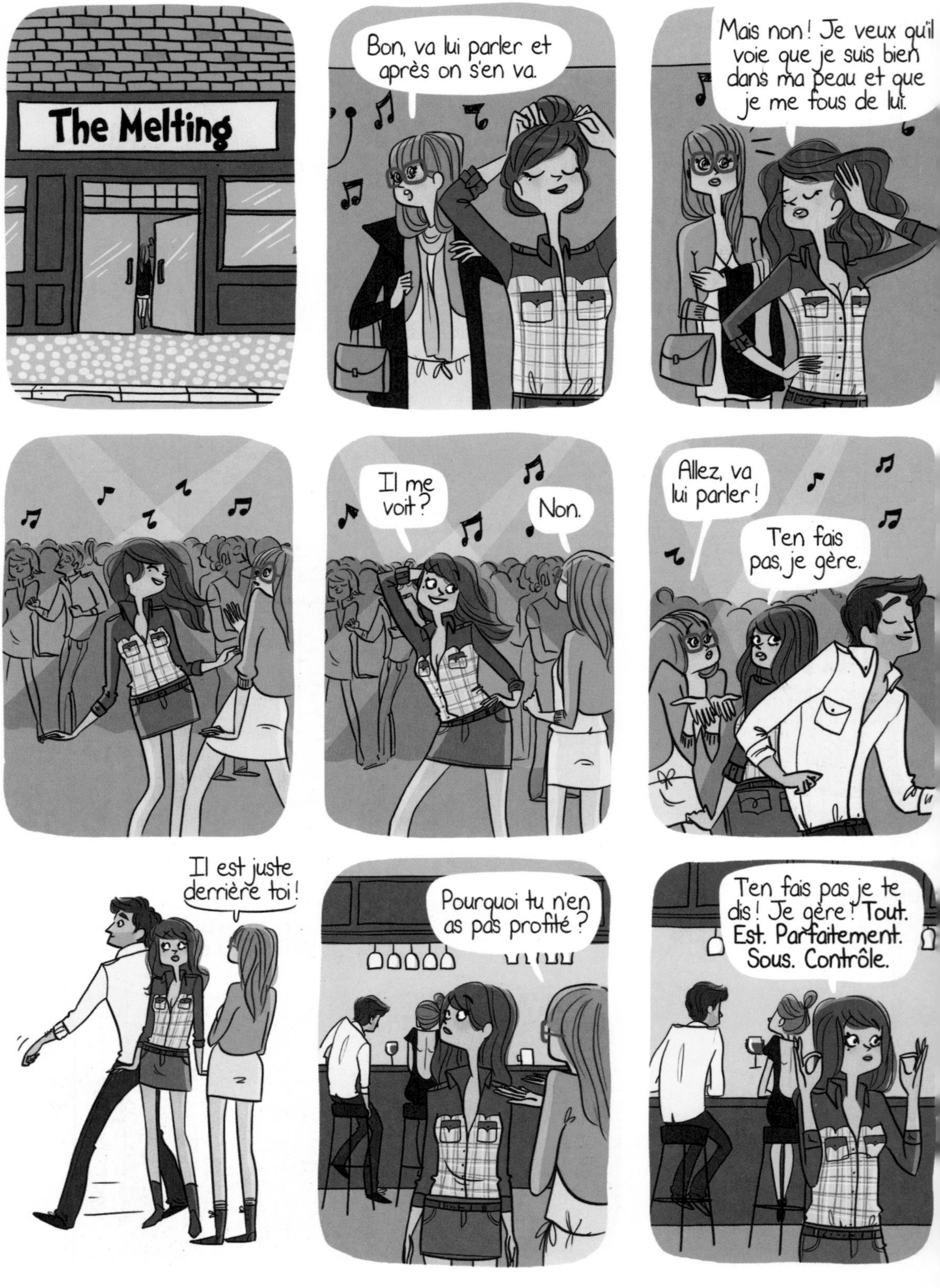
The Melting
Bon, va lui parler et après on s'en va.
Mais non ! Je veux qu'il voie que je suis bien dans ma peau et que je me fous de lui.
Il me voit ?
Non.
Allez, va lui parler !
T'en fais pas, je gère.
Il est juste derrière toi !
Pourquoi tu n'en as pas profité ?
T'en fais pas je te dis ! Je gère ! Tout. Est. Parfaitement. Sous. Contrôle.

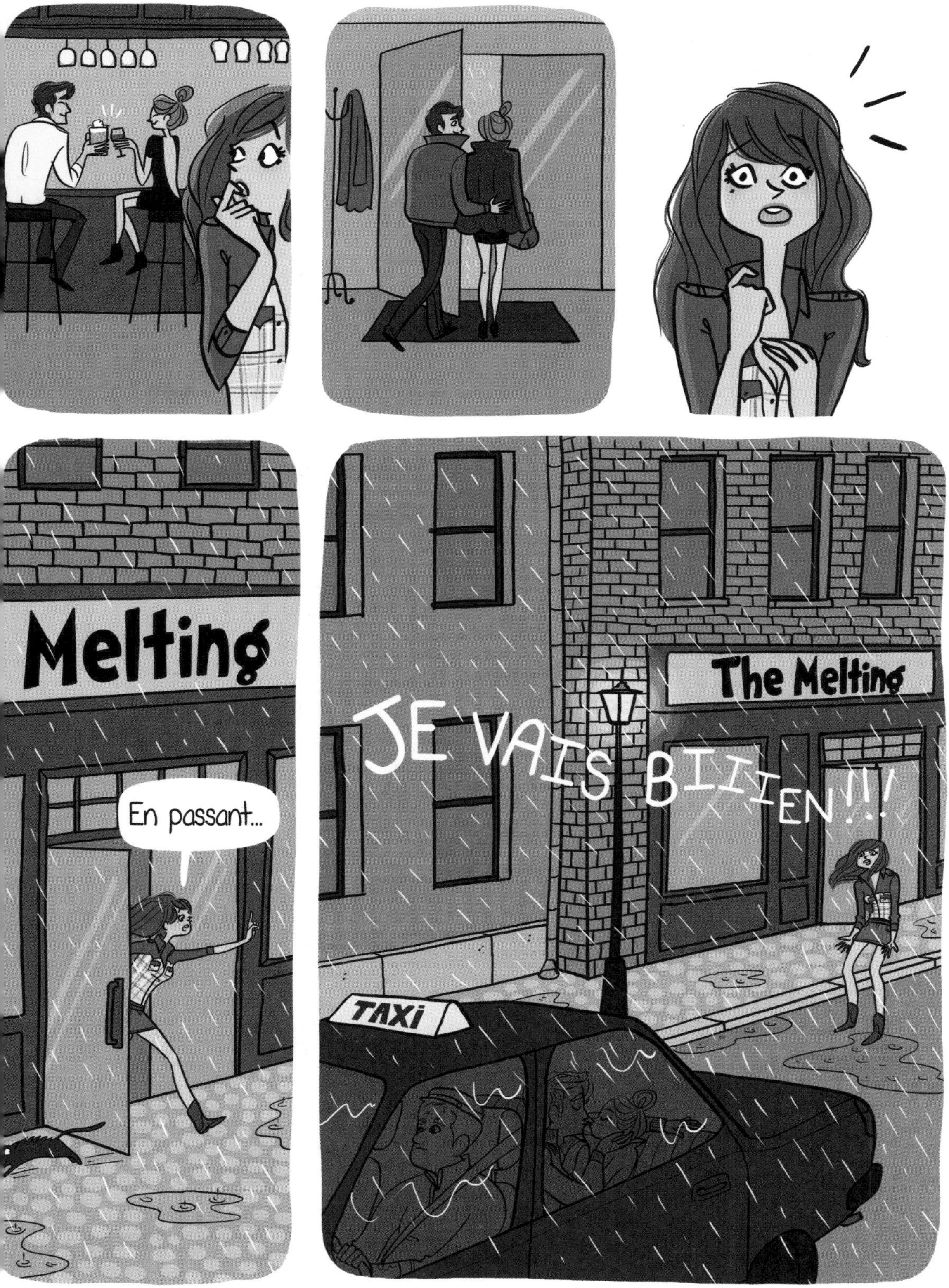
Melting
En passant...
The Melting
JE VAIS BIIIEN!!!
TAXI

L'HERBE EST PLUS VERTE CHEZ LA VOISINE 1

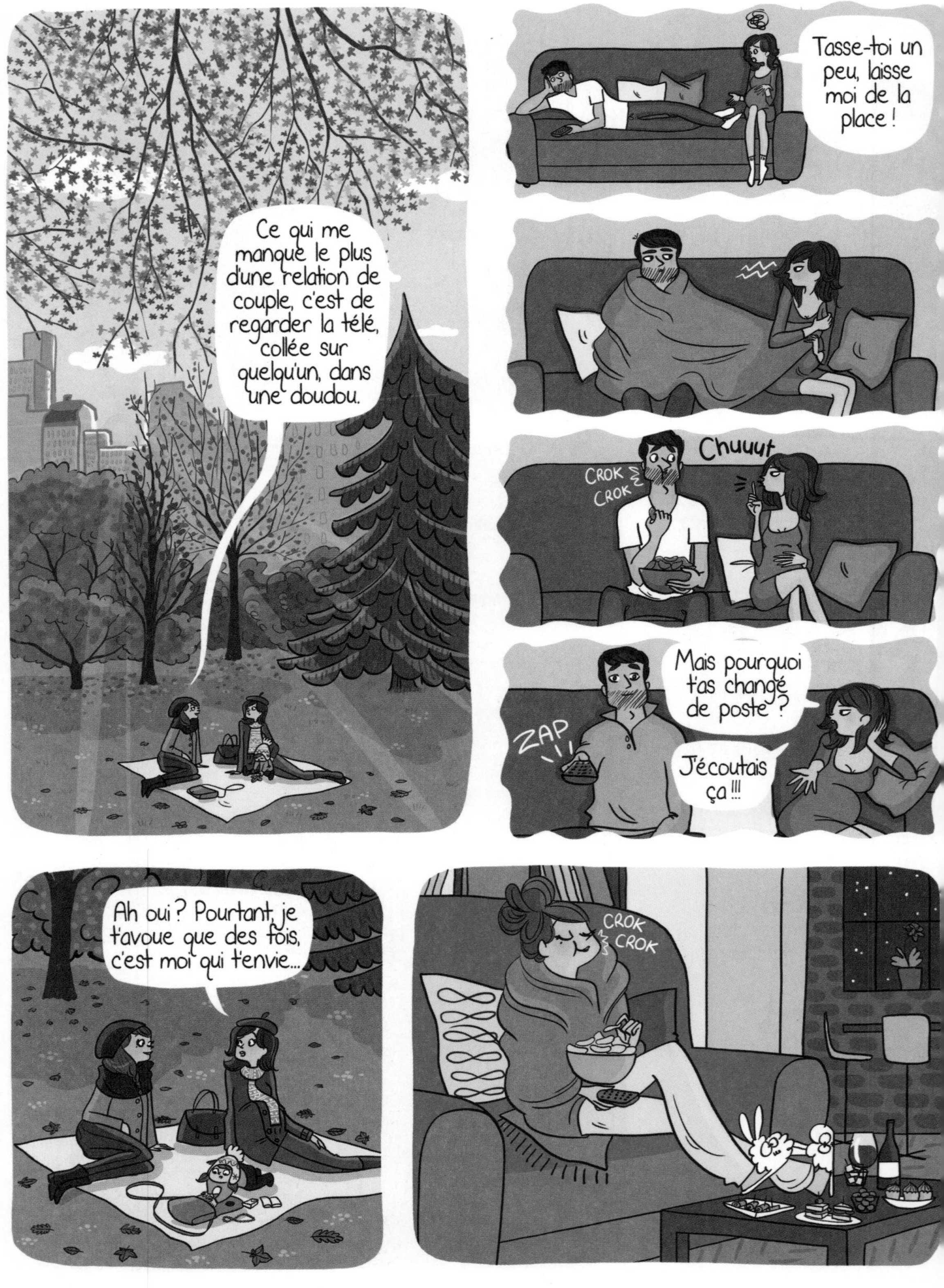

Ce qui me manque le plus d'une relation de couple, c'est de regarder la télé, collée sur quelqu'un, dans une doudou.
Tasse-toi un peu, laisse moi de la place !
CROK CROK
Chuuut
ZAP
Mais pourquoi t'as changé de poste ?
J'écoutais ça !!!
Ah oui ? Pourtant, je t'avoue que des fois, c'est moi qui t'envie...
CROK CROK

FUTUR INCERTAIN

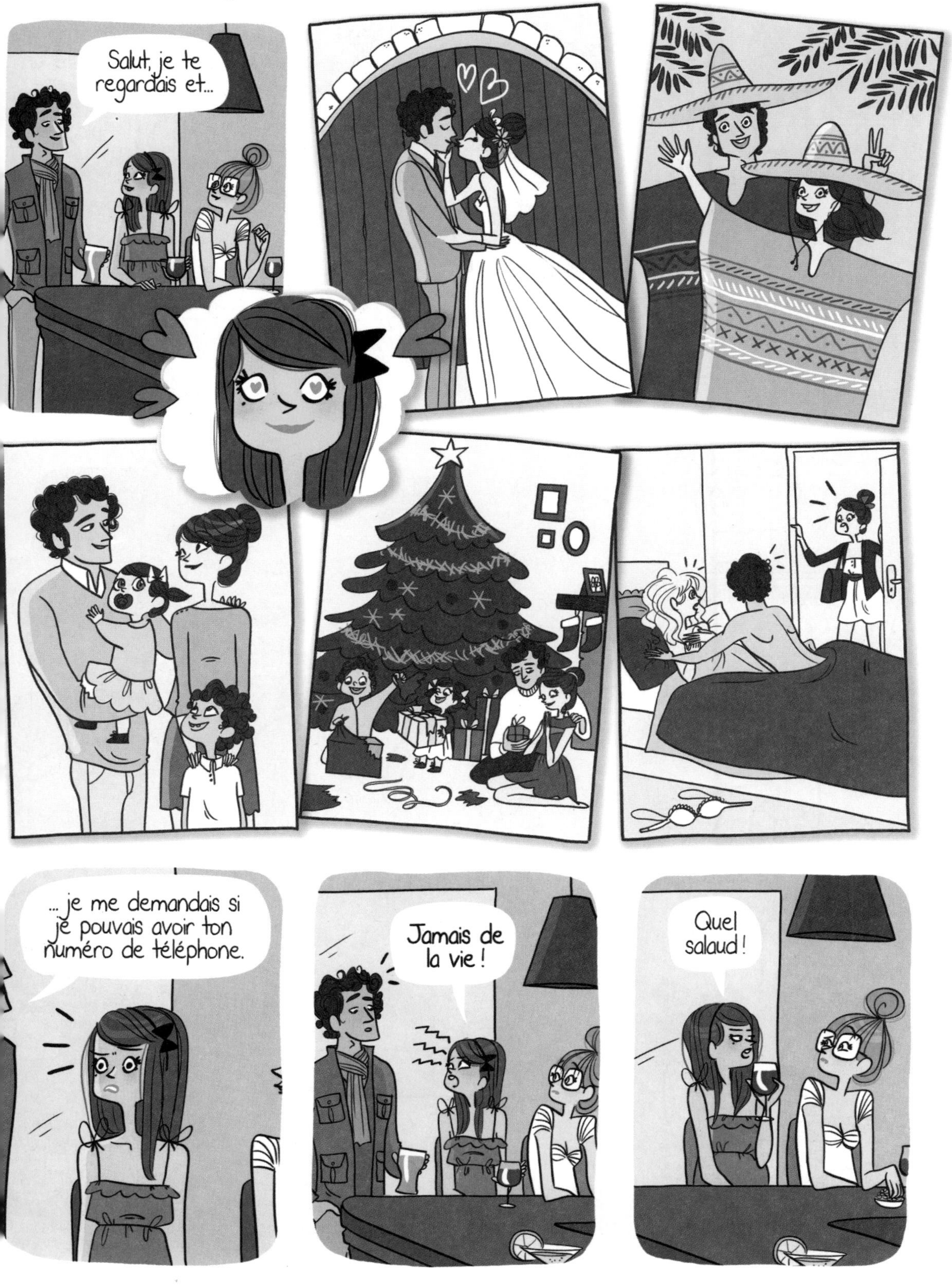
Salut, je te regardais et...
...je me demandais si je pouvais avoir ton numéro de téléphone.
Jamais de la vie !
Quel salaud !

AMOUR 2.0

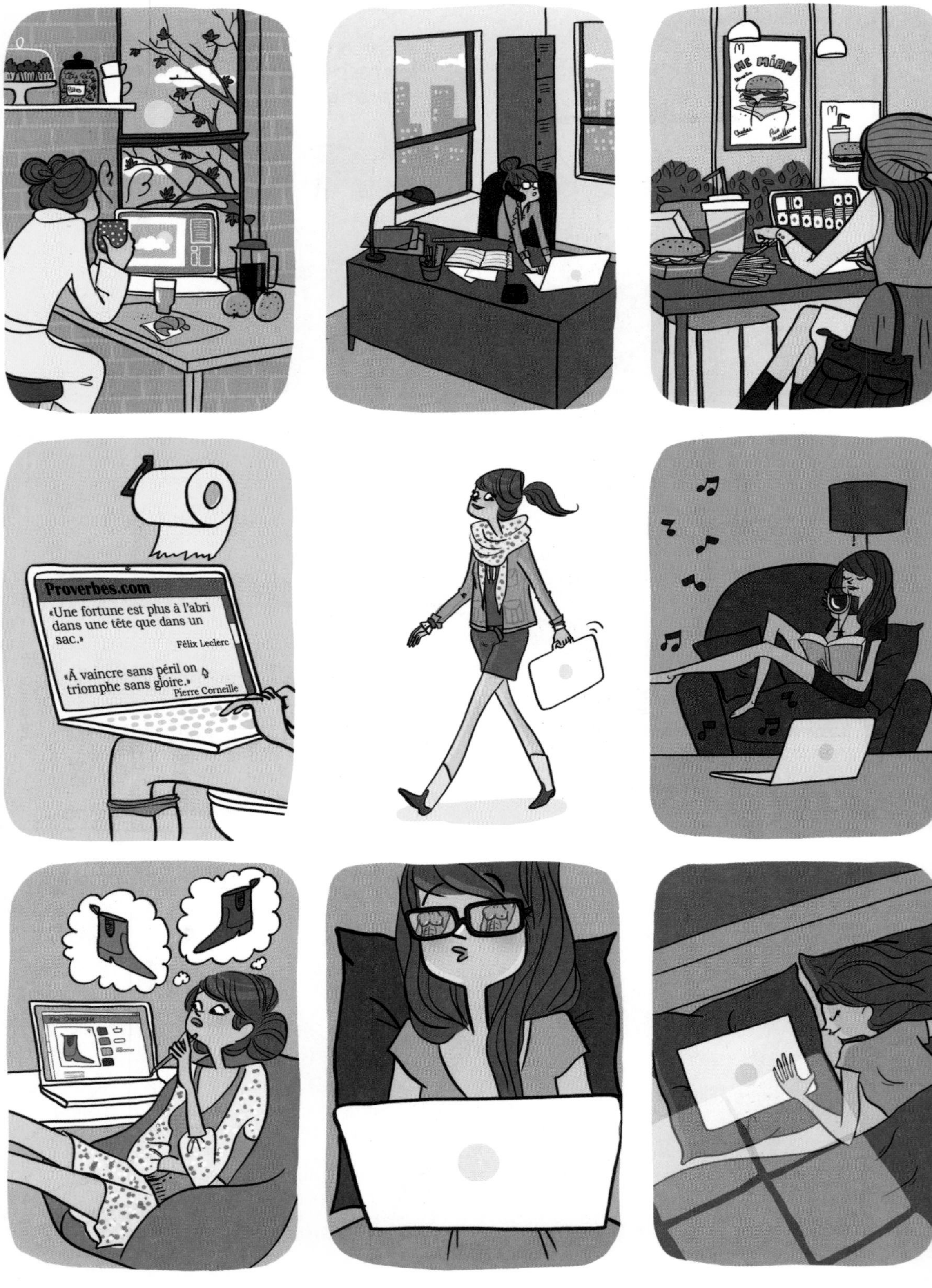
Proverbes.com
«Une fortune est plus à l'abri dans une tête que dans un sac.»
Félix Leclerc
«À vaincre sans péril on triomphe sans gloire.»
Pierre Corneille

CHACUN CHERCHE SON CHAT

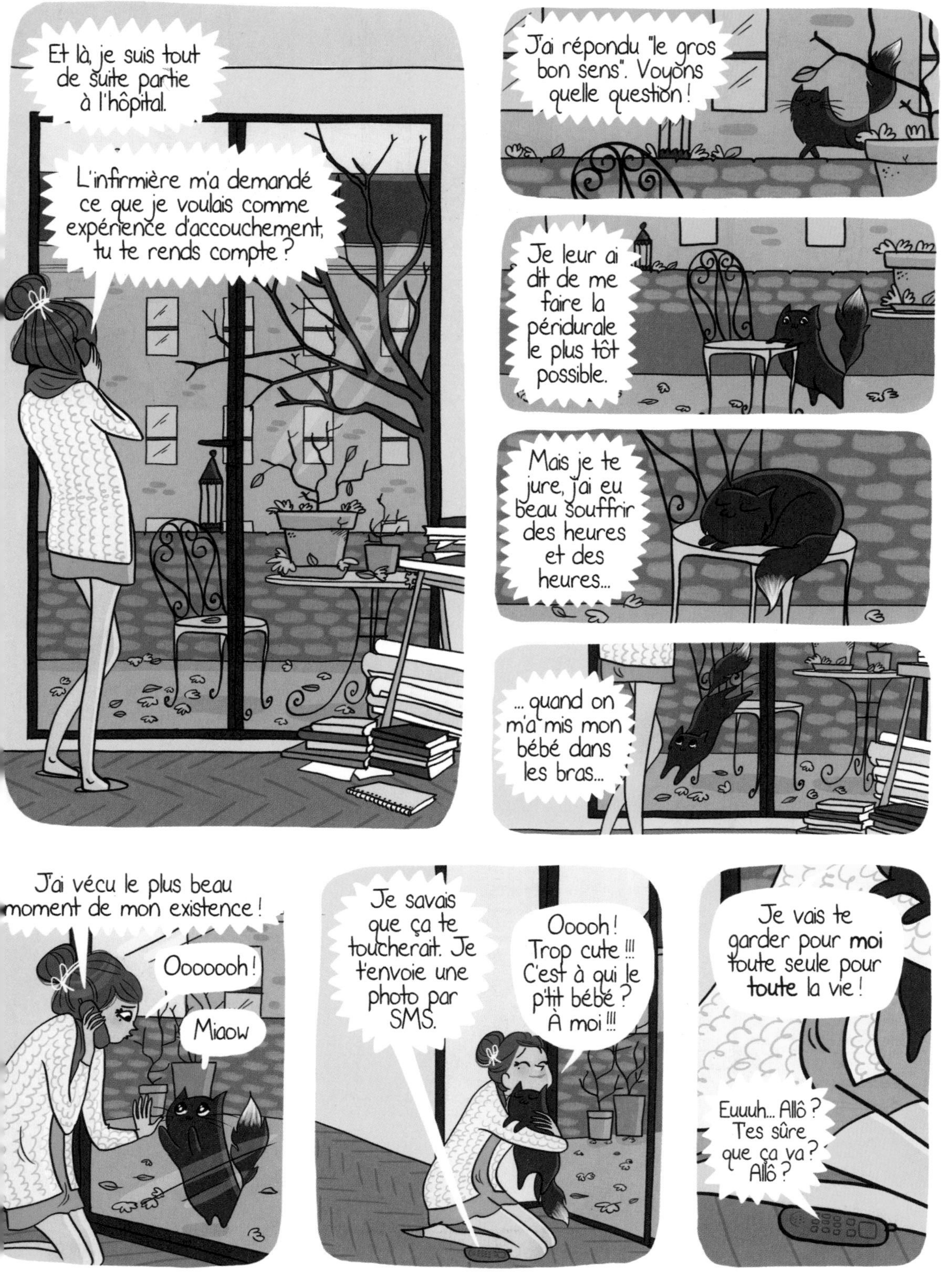
Et là, je suis tout de suite partie à l'hôpital.
L'infirmière m'a demandé ce que je voulais comme expérience d'accouchement, tu te rends compte ?
J'ai répondu "le gros bon sens". Voyons quelle question !
Je leur ai dit de me faire la péridurale le plus tôt possible.
Mais je te jure, j'ai eu beau souffrir des heures et des heures...
... quand on m'a mis mon bébé dans les bras...
J'ai vécu le plus beau moment de mon existence !
Oooooh !
Miaow
Je savais que ça te toucherait. Je t'envoie une photo par SMS.
Ooooh ! Trop cute !!! C'est à qui le p'tit bébé ? À moi !!!
Je vais te garder pour **moi** toute seule pour **toute** la vie !
Euuuh... Allô ? T'es sûre que ça va ? Allô ?

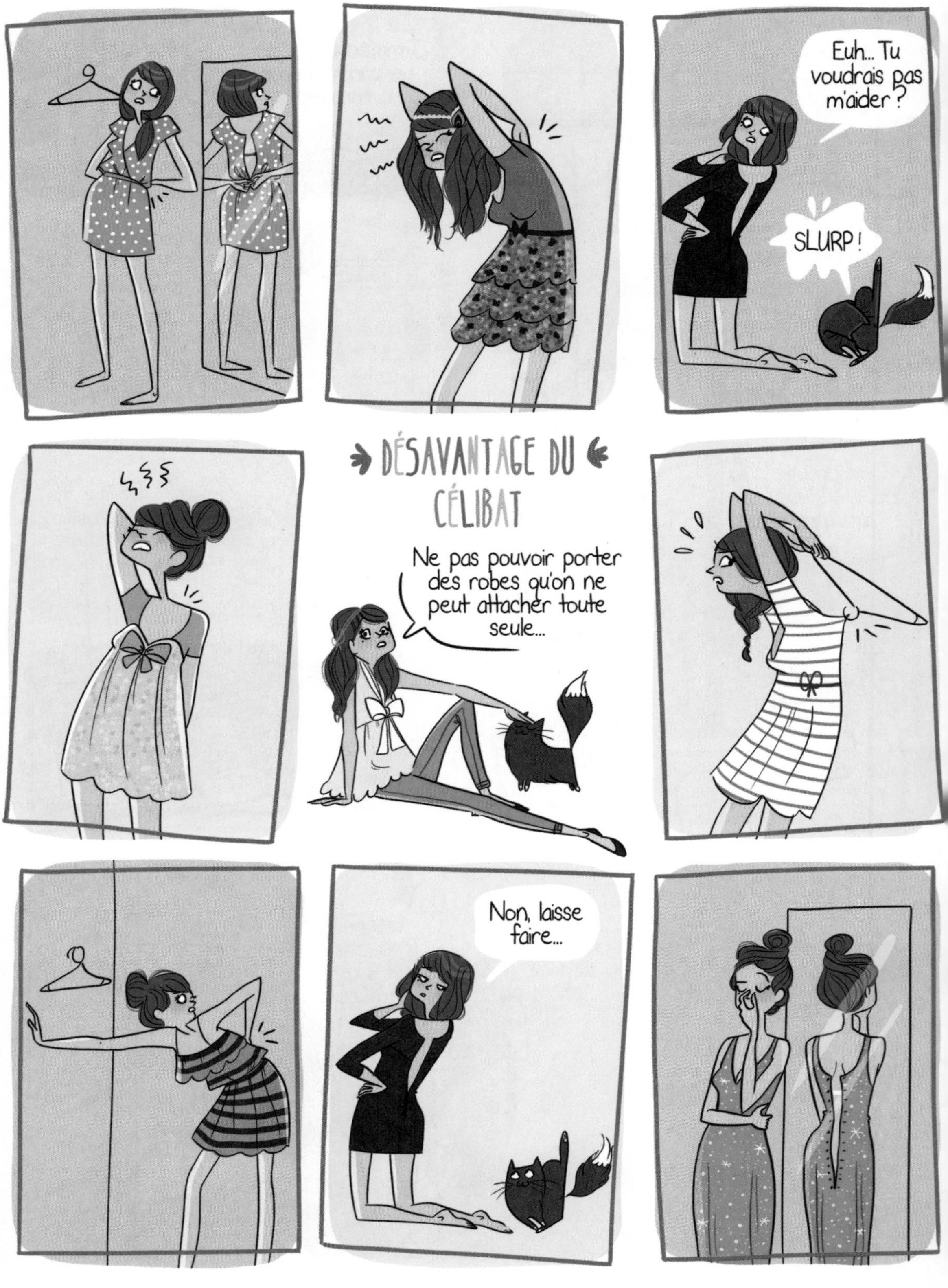

Euh... Tu voudrais pas m'aider ?
SLURP !
DÉSAVANTAGE DU CÉLIBAT
Ne pas pouvoir porter des robes qu'on ne peut attacher toute seule...
Non, laisse faire...

SOUPER DE FILLES

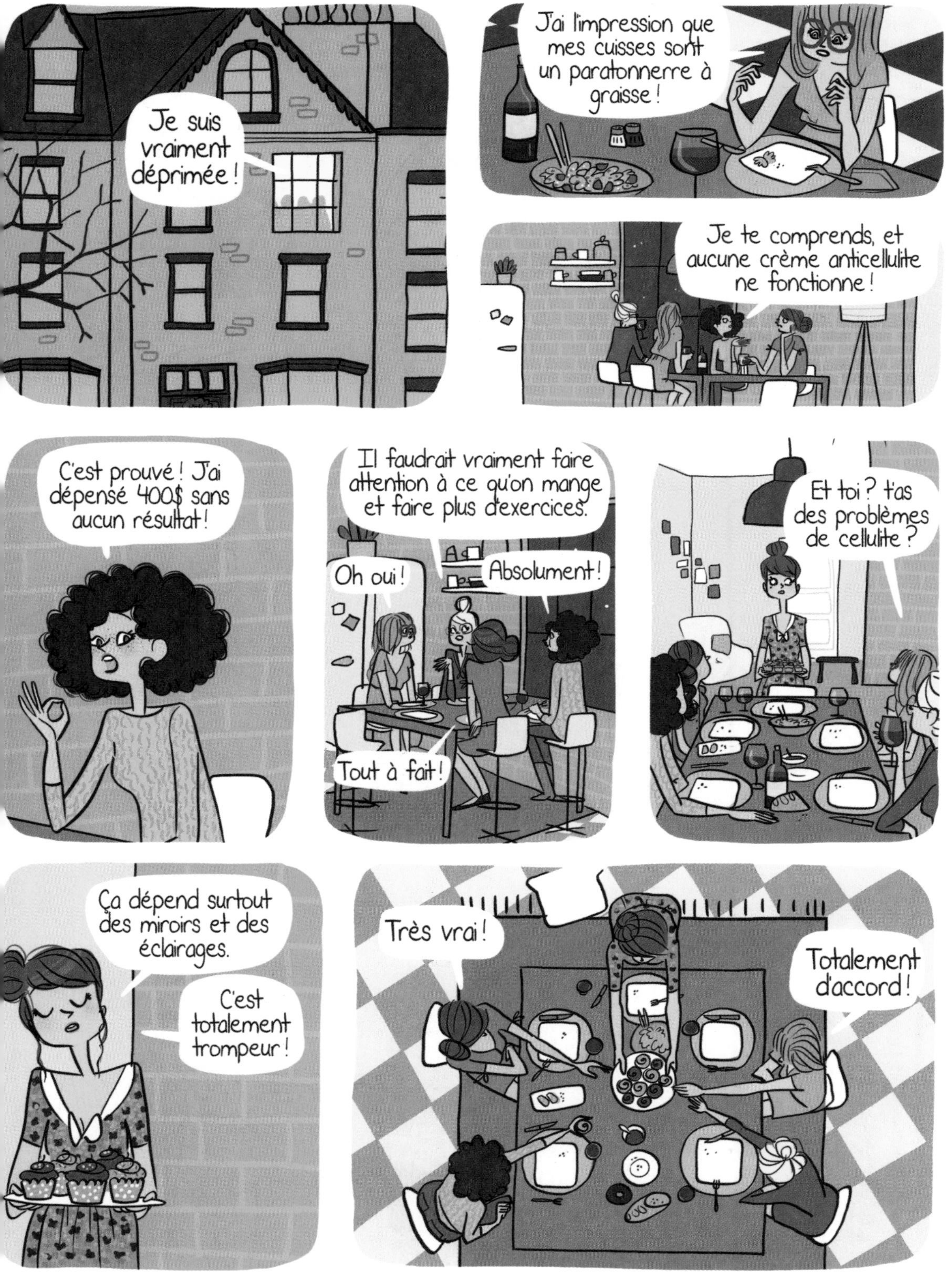

Je suis vraiment déprimée !
J'ai l'impression que mes cuisses sont un paratonnerre à graisse !
Je te comprends, et aucune crème anticellulite ne fonctionne !
C'est prouvé ! J'ai dépensé 400$ sans aucun résultat !
Il faudrait vraiment faire attention à ce qu'on mange et faire plus d'exercices.
Oh oui !
Absolument !
Tout à fait !
Et toi ? t'as des problèmes de cellulite ?
Ça dépend surtout des miroirs et des éclairages.
C'est totalement trompeur !
Très vrai !
Totalement d'accord !

UNE GRANDE MOTIVATION 1

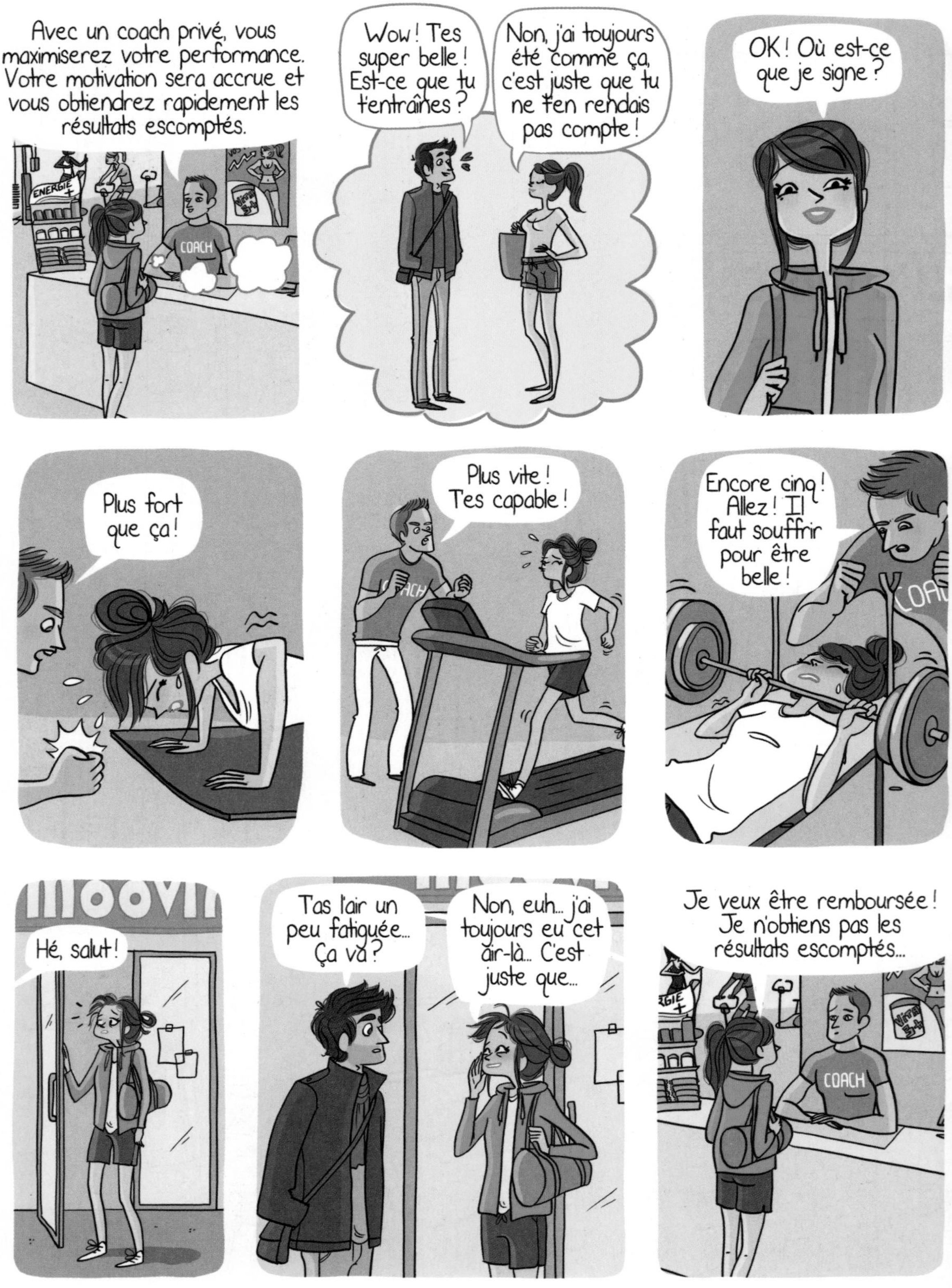

Avec un coach privé, vous maximiserez votre performance. Votre motivation sera accrue et vous obtiendrez rapidement les résultats escomptés.
ENERGIE +
COACH
Wow ! T'es super belle ! Est-ce que tu t'entraînes ?
Non, j'ai toujours été comme ça, c'est juste que tu ne t'en rendais pas compte !
OK ! Où est-ce que je signe ?
Plus fort que ça !
Plus vite ! T'es capable !
COACH
Encore cinq ! Allez ! Il faut souffrir pour être belle !
MOOVI
Hé, salut !
T'as l'air un peu fatiguée... Ça va ?
Non, euh... j'ai toujours eu cet air-là... C'est juste que...
Je veux être remboursée ! Je n'obtiens pas les résultats escomptés...
COACH

IMPLACABLE SENS DE LA DÉDUCTION

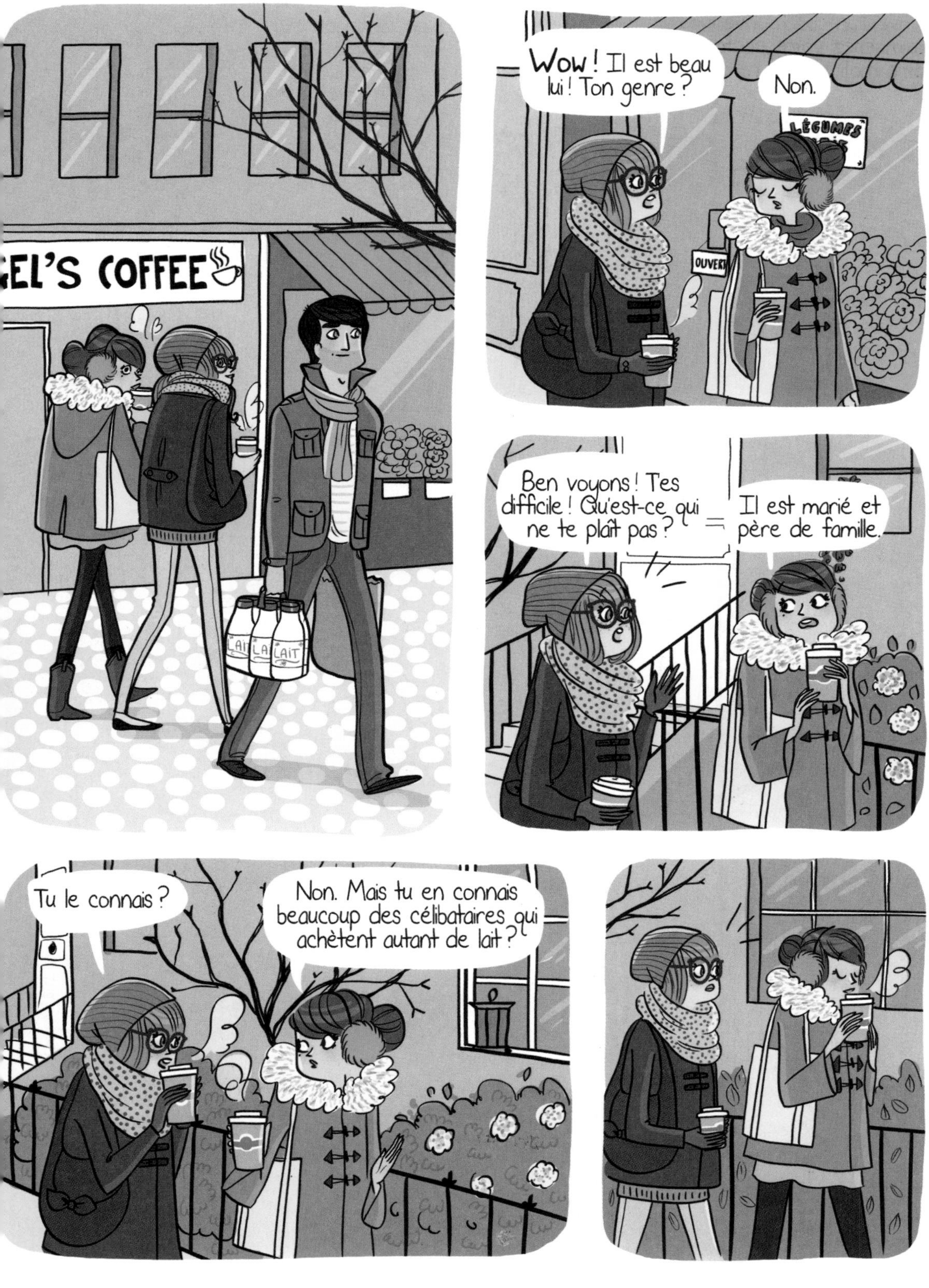
GEL'S COFFEE
LAIT
LAIT
LAIT
Wow! Il est beau lui! Ton genre?
Non.
LÉGUMES
Ben voyons! T'es difficile! Qu'est-ce qui ne te plaît pas?
Il est marié et père de famille.
Tu le connais?
Non. Mais tu en connais beaucoup des célibataires qui achètent autant de lait?

BRISEUSE DE MÉNAGE

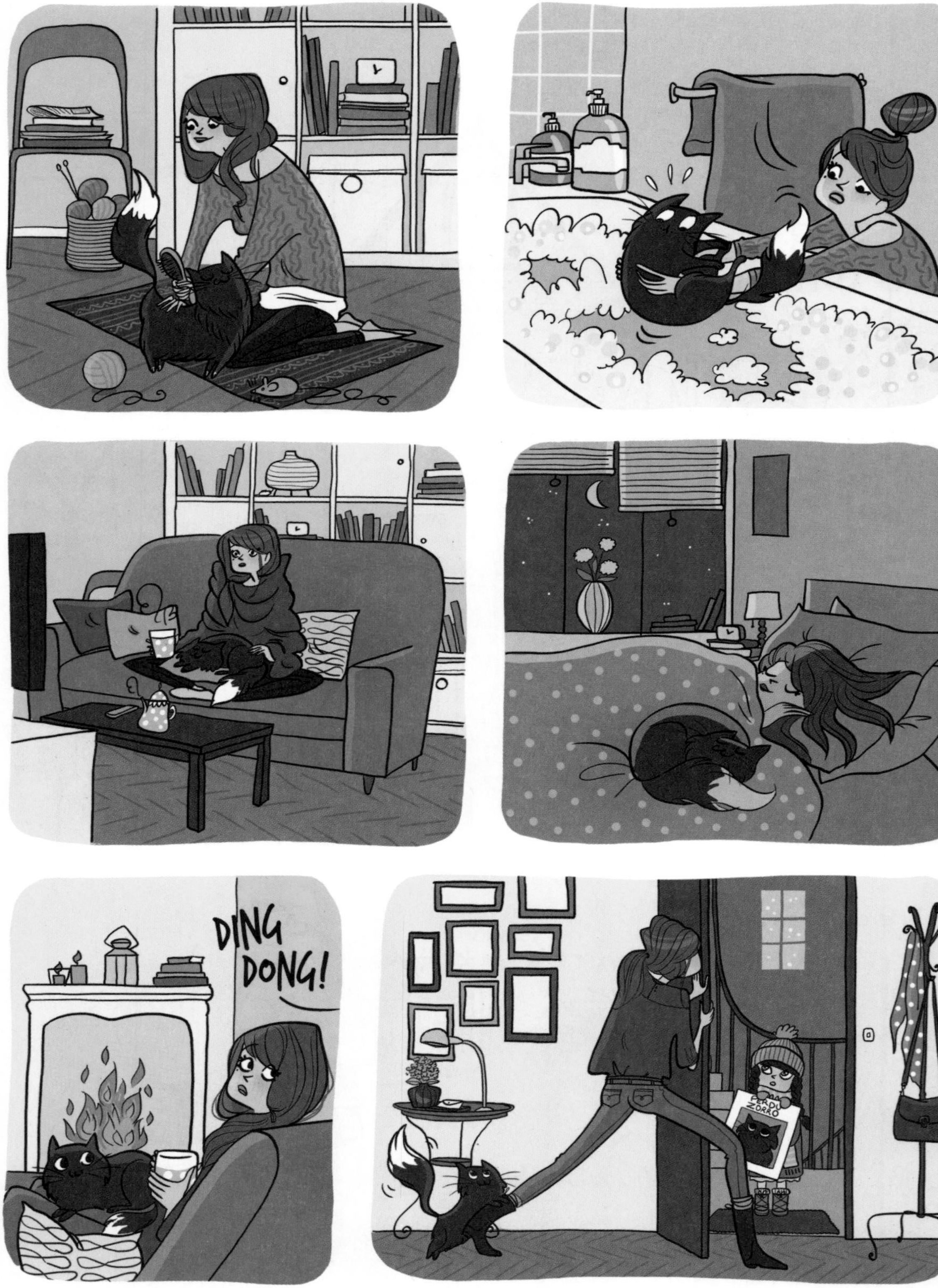
DING DONG!
PERDU ZORRO

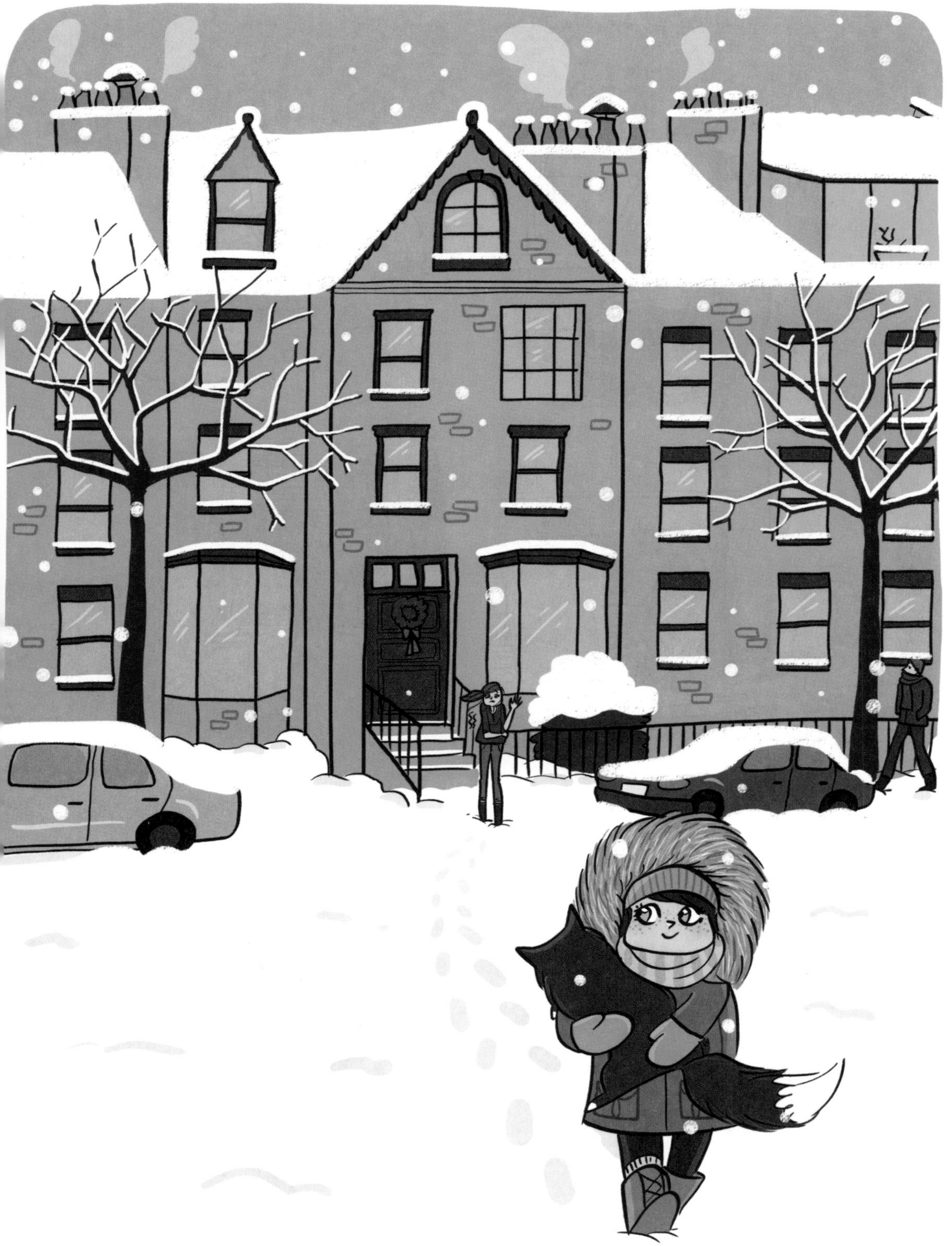

À NE PAS FAIRE AVEC VOTRE MÉDECIN 1

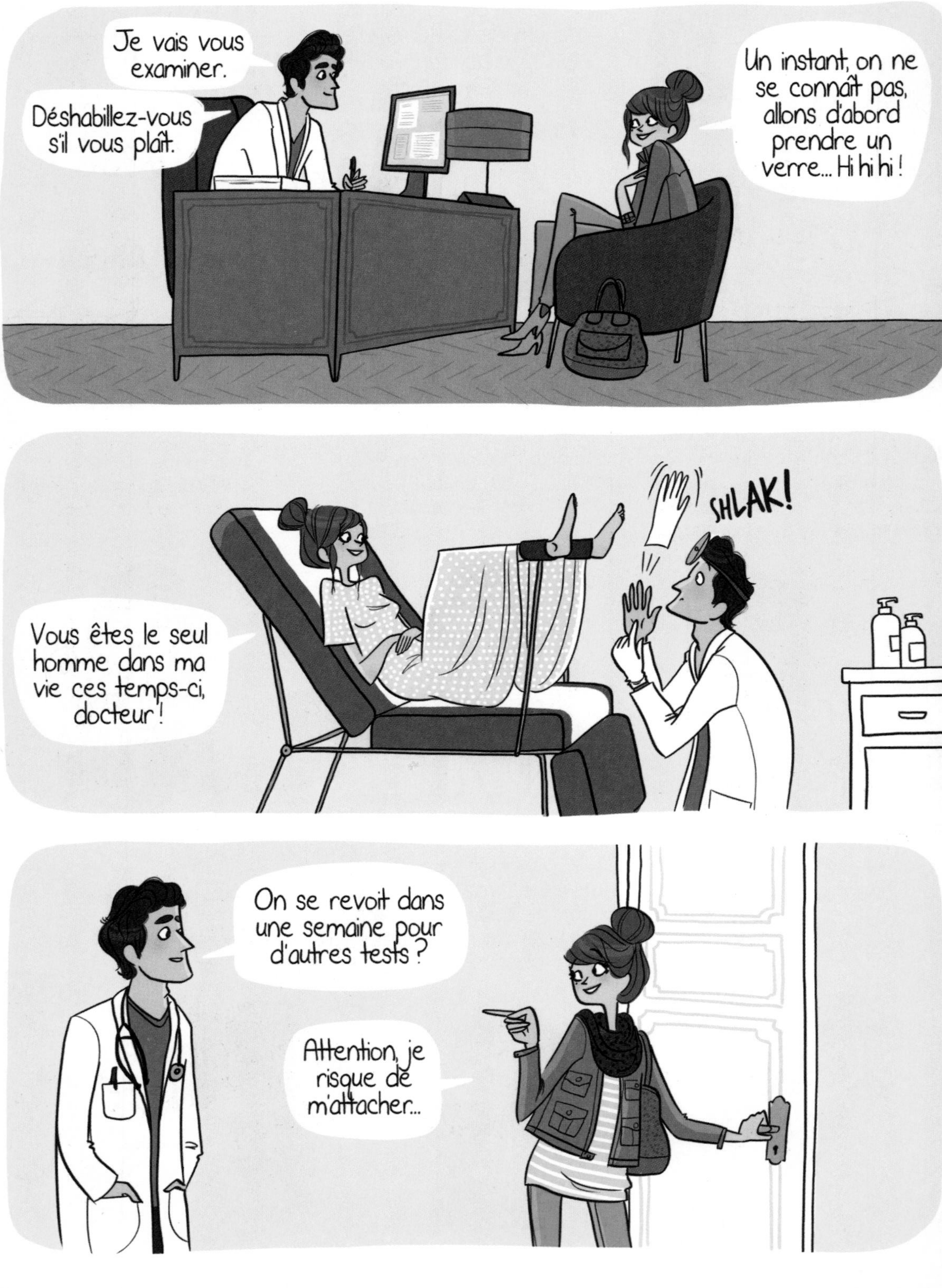
Je vais vous examiner.
Déshabillez-vous s'il vous plaît.
Un instant, on ne se connaît pas, allons d'abord prendre un verre... Hi hi hi !
Vous êtes le seul homme dans ma vie ces temps-ci, docteur !
SHLAK !
On se revoit dans une semaine pour d'autres tests ?
Attention, je risque de m'attacher...

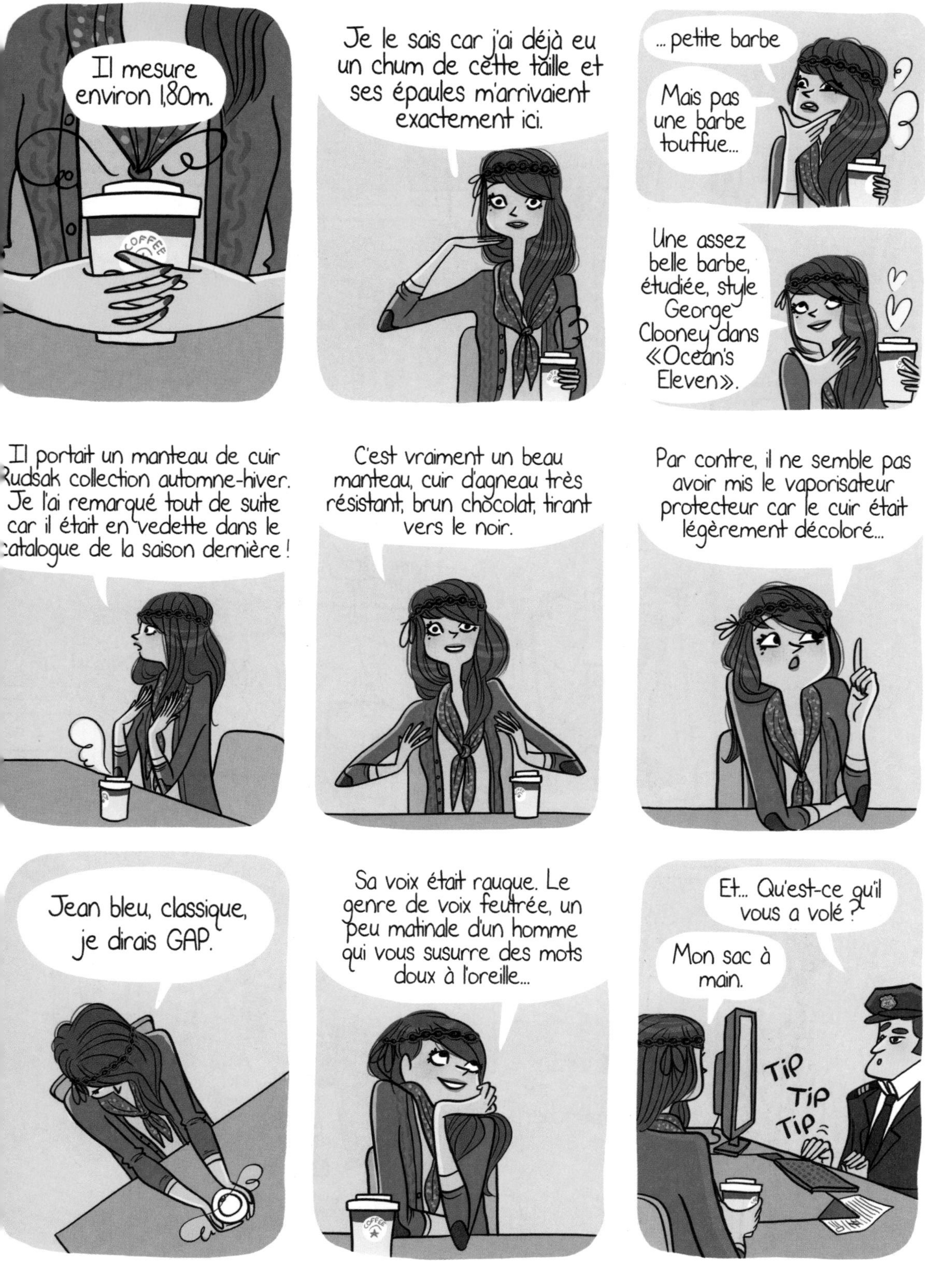
Il mesure environ 1,80m.
Je le sais car j'ai déjà eu un chum de cette taille et ses épaules m'arrivaient exactement ici.
... petite barbe
Mais pas une barbe touffue...
Une assez belle barbe, étudiée, style George Clooney dans «Ocean's Eleven».
Il portait un manteau de cuir Rudsak collection automne-hiver. Je l'ai remarqué tout de suite car il était en vedette dans le catalogue de la saison dernière !
C'est vraiment un beau manteau, cuir d'agneau très résistant, brun chocolat, tirant vers le noir.
Par contre, il ne semble pas avoir mis le vaporisateur protecteur car le cuir était légèrement décoloré...
Jean bleu, classique, je dirais GAP.
Sa voix était rauque. Le genre de voix feutrée, un peu matinale d'un homme qui vous susurre des mots doux à l'oreille...
Et... Qu'est-ce qu'il vous a volé ?
Mon sac à main.
TIP TIP TIP

L'HOMME IDÉAL

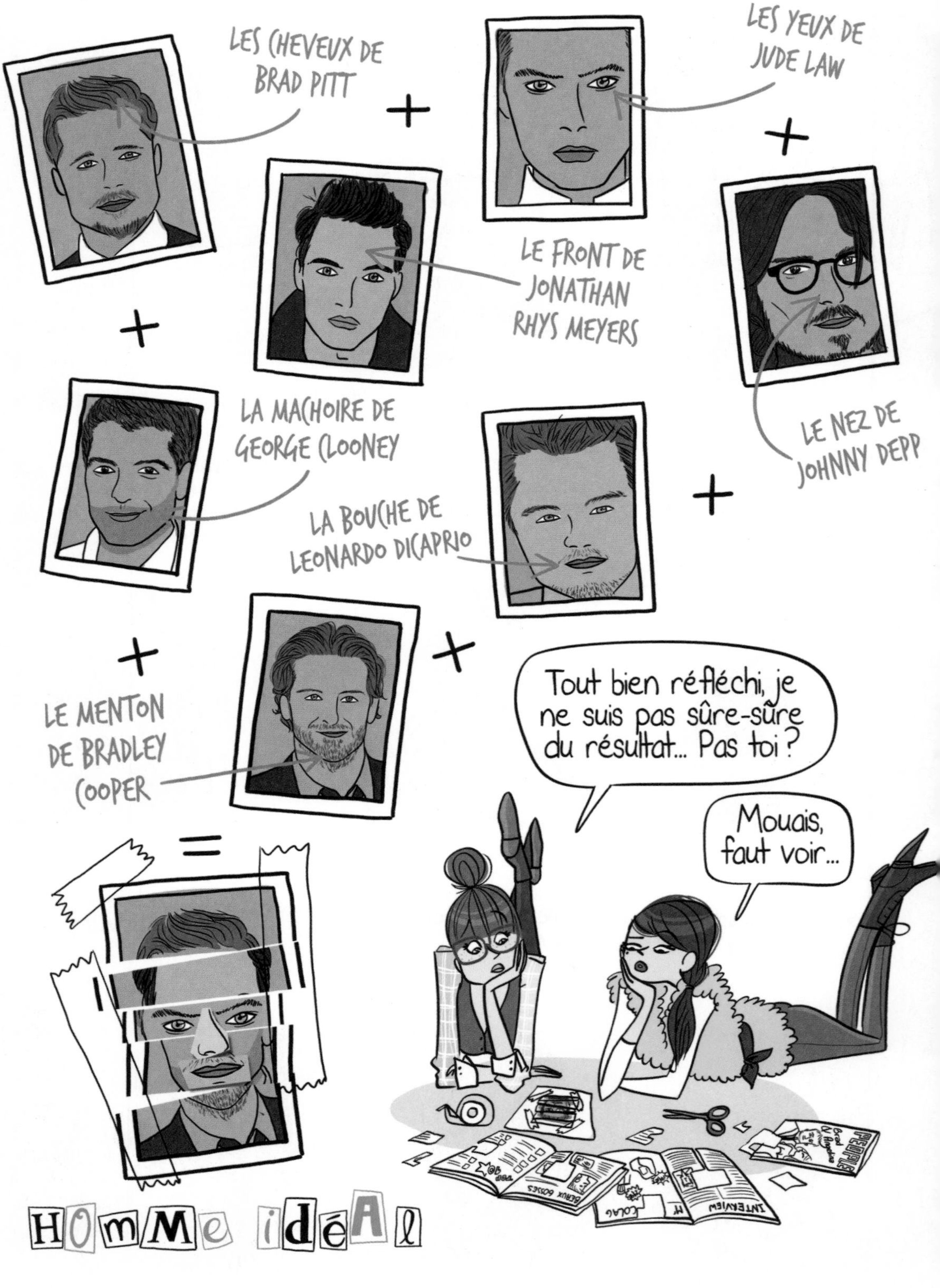

LES CHEVEUX DE BRAD PITT
+
LES YEUX DE JUDE LAW
+
LE FRONT DE JONATHAN RHYS MEYERS
+
LE NEZ DE JOHNNY DEPP
+
LA MACHOIRE DE GEORGE CLOONEY
+
LA BOUCHE DE LEONARDO DICAPRIO
+
LE MENTON DE BRADLEY COOPER
+
=
Tout bien réfléchi, je ne suis pas sûre-sûre du résultat... Pas toi ?
Mouais, faut voir...
HOMME IDÉAL

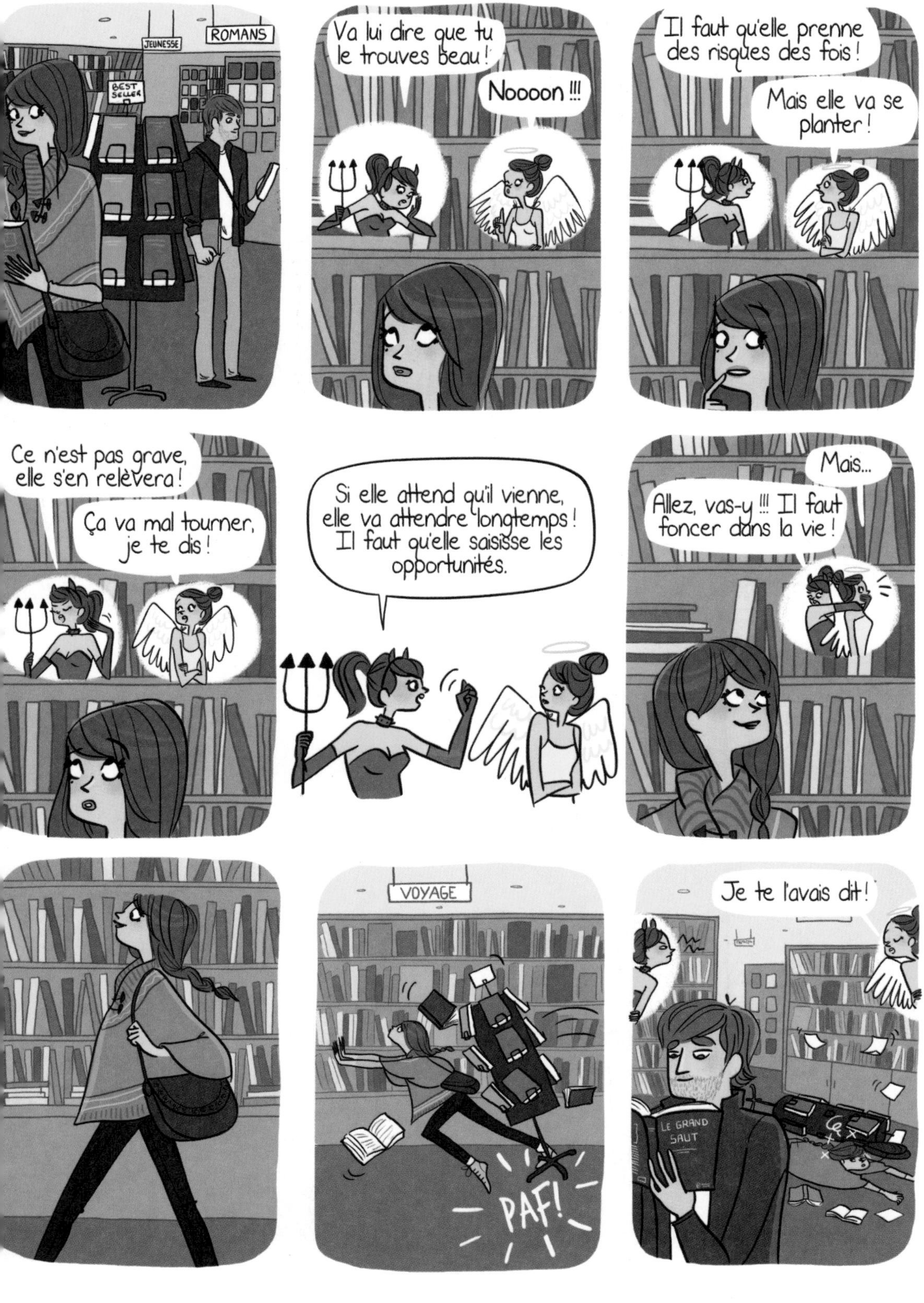
JEUNESSE
ROMANS
BEST SELLER
Va lui dire que tu le trouves beau !
Noooon !!!
Il faut qu'elle prenne des risques des fois !
Mais elle va se planter !
Ce n'est pas grave, elle s'en relèvera !
Ça va mal tourner, je te dis !
Si elle attend qu'il vienne, elle va attendre longtemps ! Il faut qu'elle saisisse les opportunités.
Mais...
Allez, vas-y !!! Il faut foncer dans la vie !
VOYAGE
PAF!
Je te l'avais dit !
LE GRAND SAUT

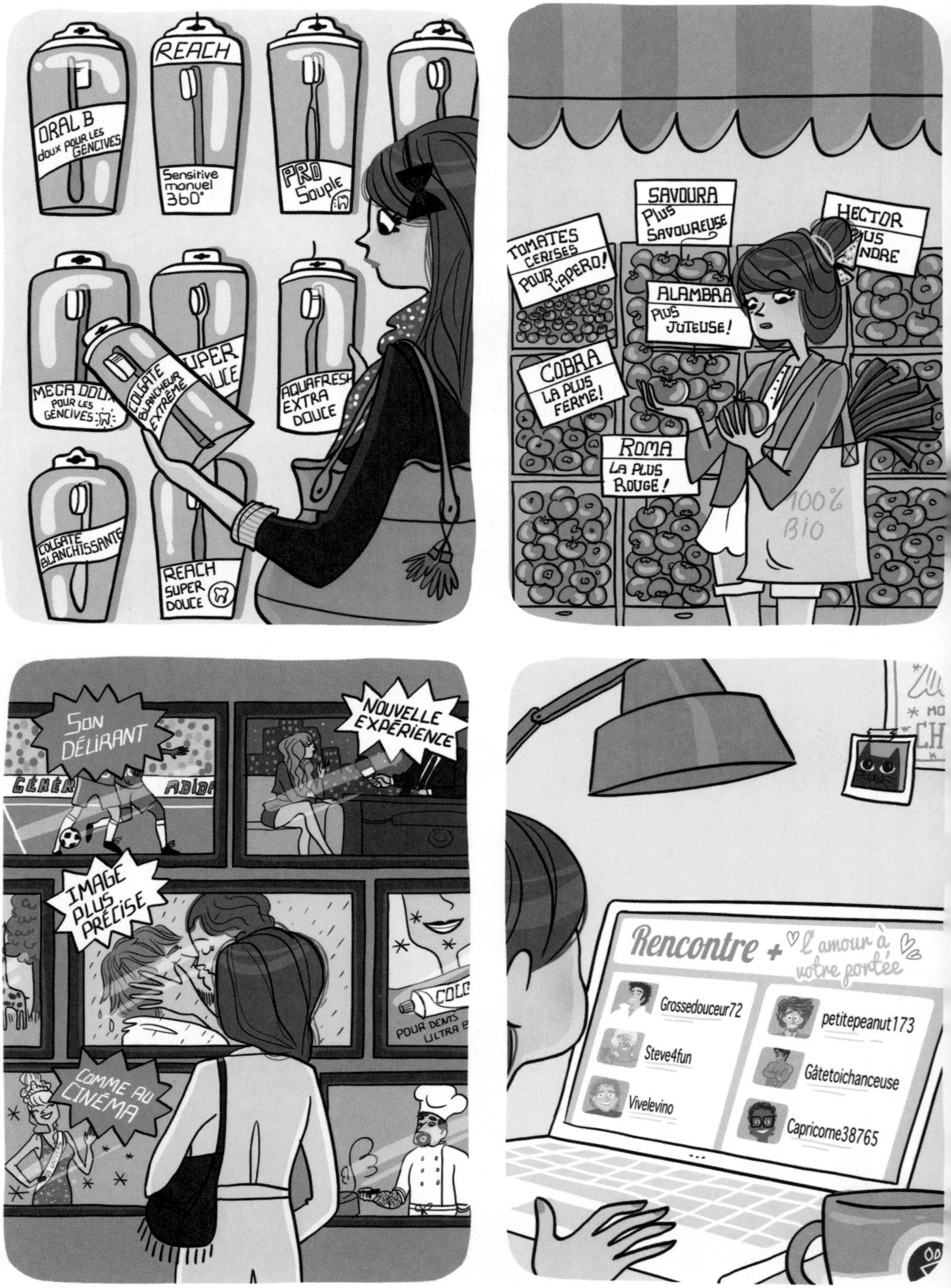
REACH
ORAL B
doux pour les gencives
Sensitive manuel 360°
PRO Souple
MEGA DOUX pour les gencives
COLGATE blancheur extrême
SUPER DOUCE
AQUAFRESH EXTRA DOUCE
COLGATE BLANCHISSANTE
REACH SUPER DOUCE
SAVOURA Plus savoureuse
HECTOR
TOMATES CERISES POUR L'APÉRO!
ALAMBRA Plus juteuse!
COBRA LA PLUS FERME!
ROMA LA PLUS ROUGE!
100% BIO
SON DÉLIRANT
NOUVELLE EXPÉRIENCE
IMAGE PLUS PRÉCISE
POUR DENTS
COMME AU CINÉMA
Rencontre + l'amour à votre portée
Grossedouceur72
petitepeanut173
Steve4fun
Gâtetoichanceuse
Vivelevino
Capricorne38765

L Y A UNE LIMITE À TOUT

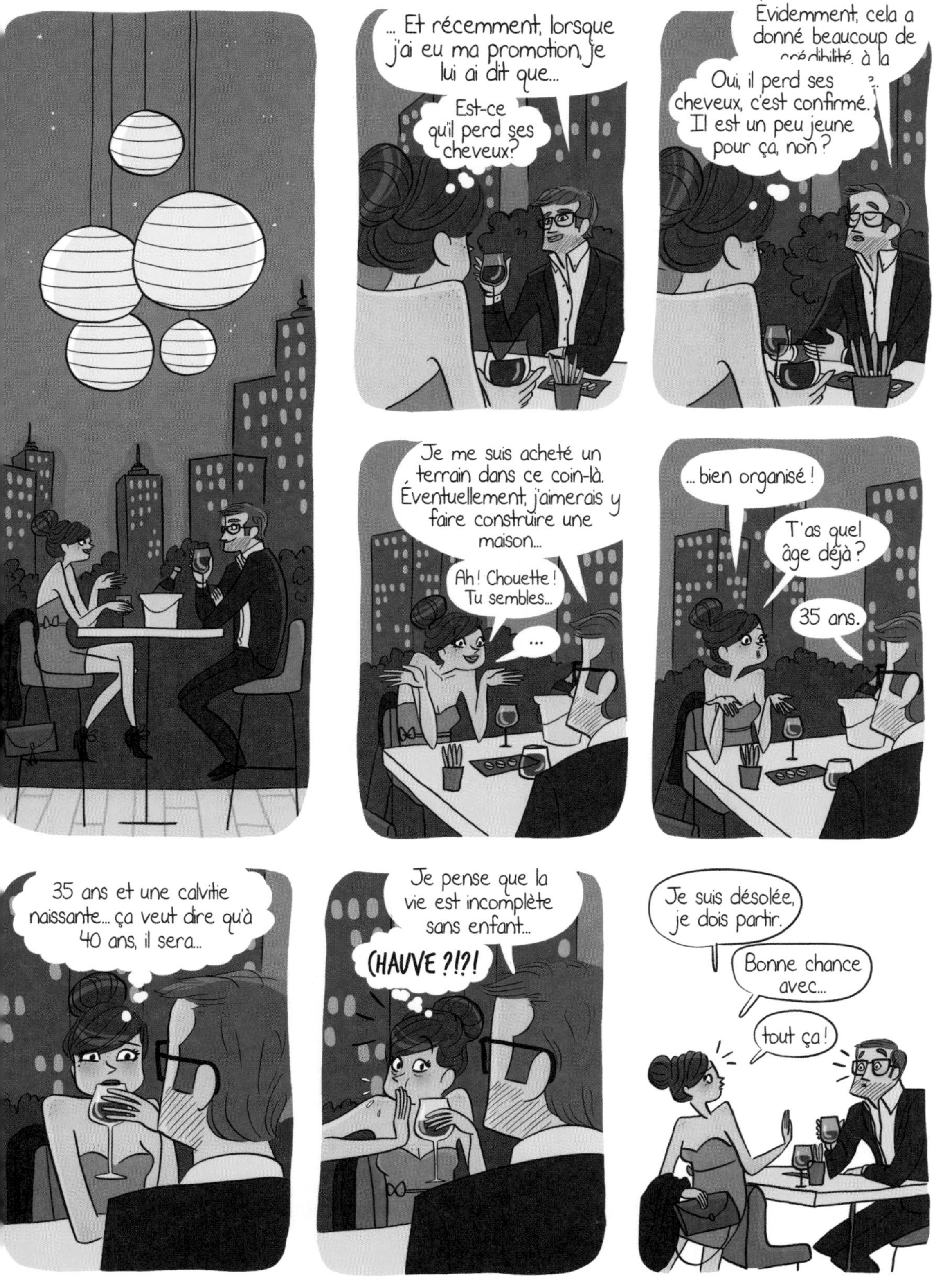

... Et récemment, lorsque j'ai eu ma promotion, je lui ai dit que...
Est-ce qu'il perd ses cheveux?
Évidemment, cela a donné beaucoup de
Oui, il perd ses cheveux, c'est confirmé. Il est un peu jeune pour ça, non ?
Je me suis acheté un terrain dans ce coin-là. Éventuellement, j'aimerais y faire construire une maison...
Ah ! Chouette ! Tu sembles...
...
... bien organisé !
T'as quel âge déjà ?
35 ans.
35 ans et une calvitie naissante... ça veut dire qu'à 40 ans, il sera...
Je pense que la vie est incomplète sans enfant...
CHAUVE ?!?!
Je suis désolée, je dois partir.
Bonne chance avec...
tout ça !

DIFFÉRENDS IRRÉCONCILIABLES 1

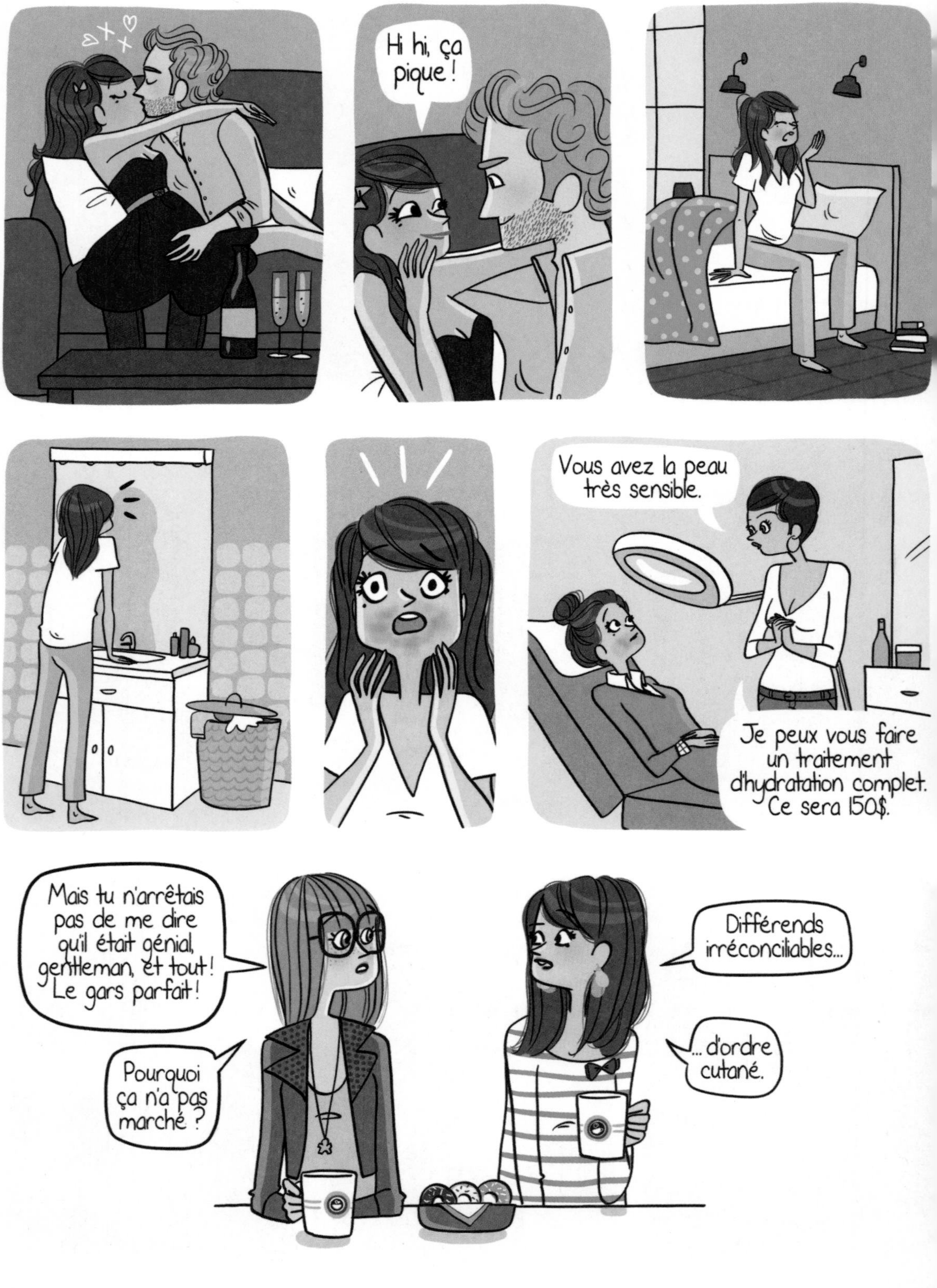

Hi hi, ça pique !
Vous avez la peau très sensible.
Je peux vous faire un traitement d'hydratation complet. Ce sera 150$.
Mais tu n'arrêtais pas de me dire qu'il était génial, gentleman, et tout ! Le gars parfait !
Pourquoi ça n'a pas marché ?
Différends irréconciliables...
... d'ordre cutané.

N & OUT

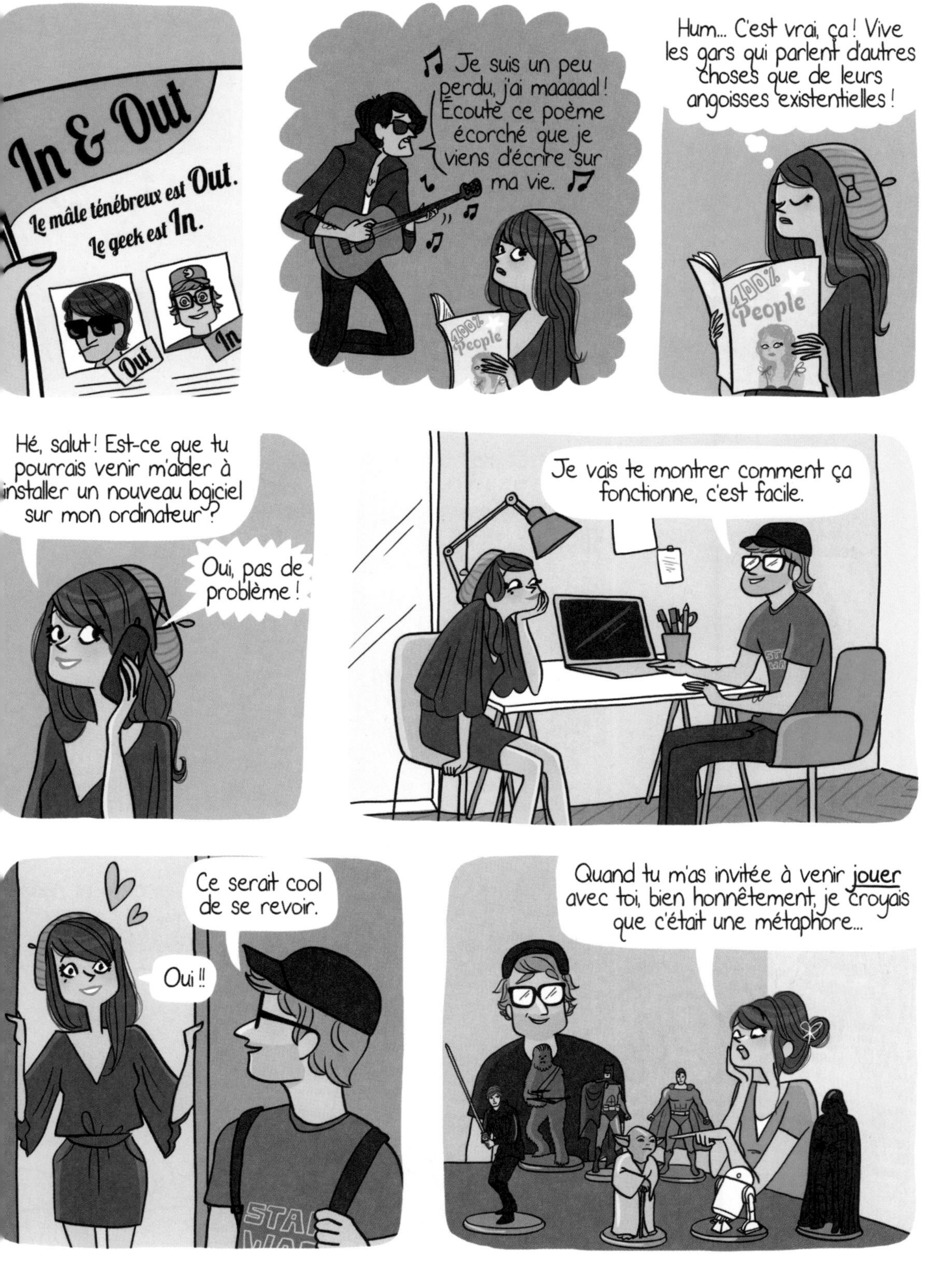
In & Out
Le mâle ténébreux est Out.
Le geek est In.
Out
In
Je suis un peu perdu, j'ai maaaaal ! Écoute ce poème écorché que je viens d'écrire sur ma vie.
100% People
Hum... C'est vrai, ça ! Vive les gars qui parlent d'autres choses que de leurs angoisses existentielles !
100% People
Hé, salut ! Est-ce que tu pourrais venir m'aider à installer un nouveau logiciel sur mon ordinateur ?
Oui, pas de problème !
Je vais te montrer comment ça fonctionne, c'est facile.
Ce serait cool de se revoir.
Oui !!
Quand tu m'as invitée à venir jouer avec toi, bien honnêtement, je croyais que c'était une métaphore...

DIFFÉRENDS IRRÉCONCILIABLES 2

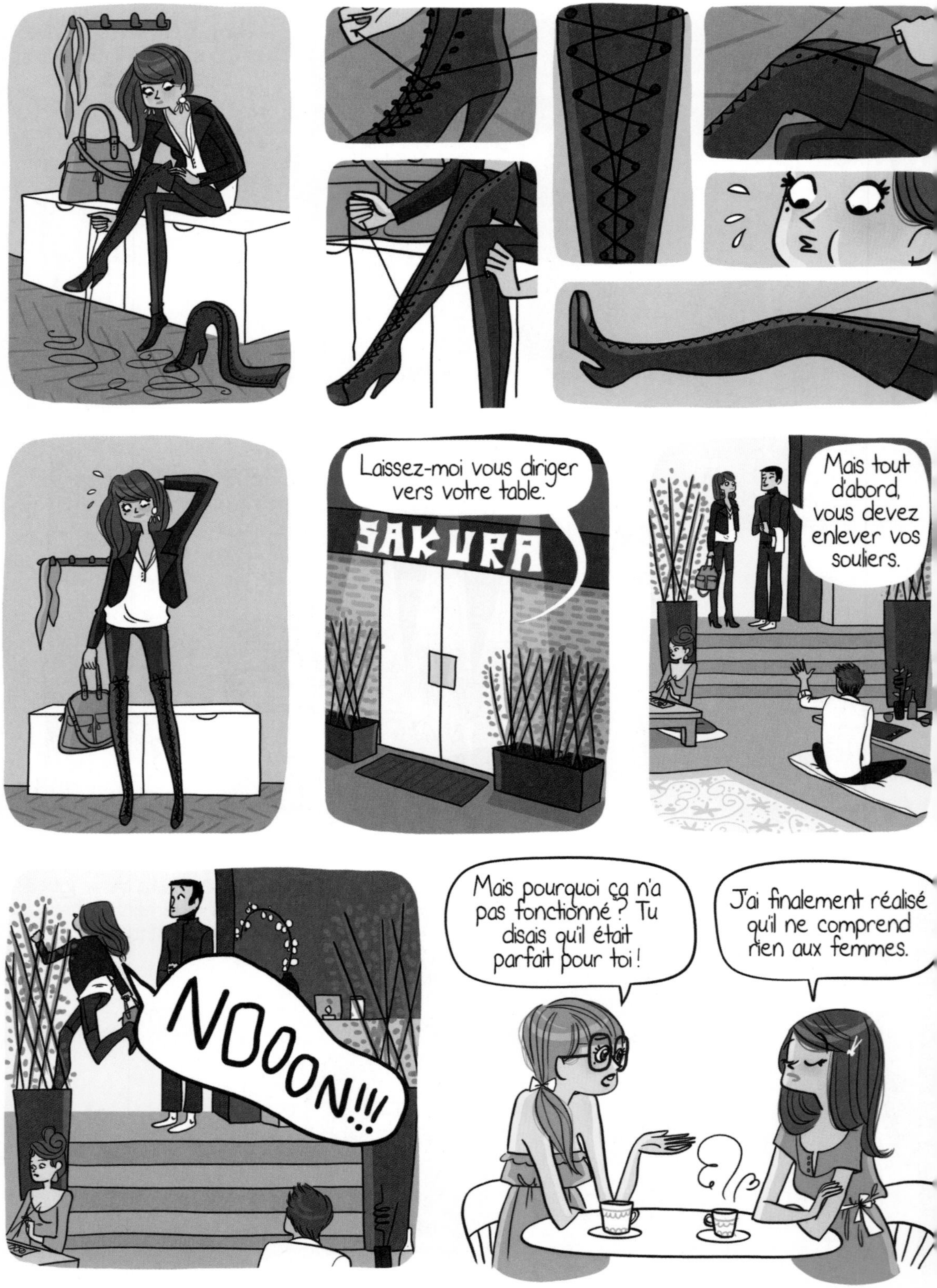

Laissez-moi vous diriger vers votre table.
SAKURA
Mais tout d'abord, vous devez enlever vos souliers.
NOOOON!!!
Mais pourquoi ça n'a pas fonctionné ? Tu disais qu'il était parfait pour toi !
J'ai finalement réalisé qu'il ne comprend rien aux femmes.

UNE GRANDE MOTIVATION 2

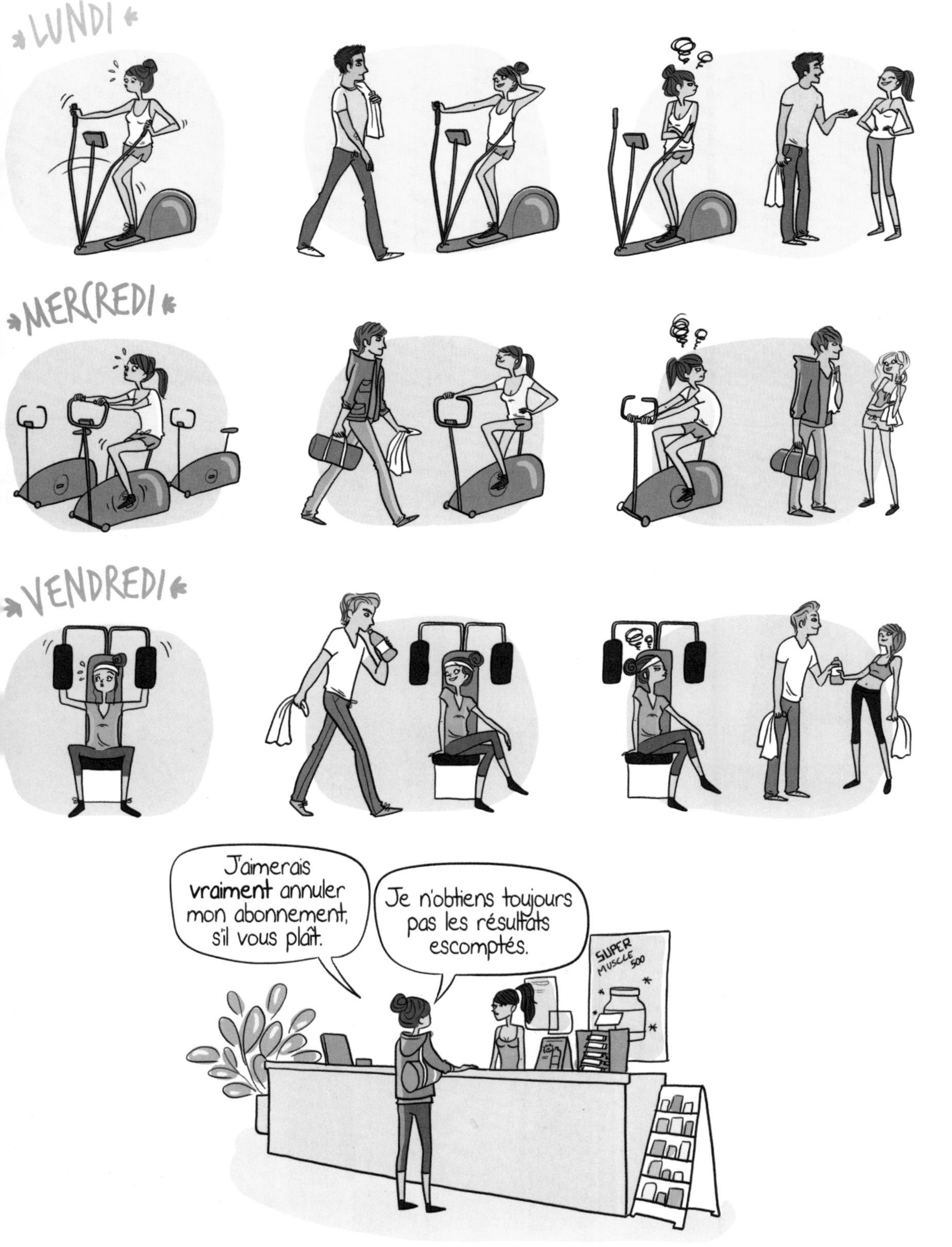

LUNDI
MERCREDI
VENDREDI
J'aimerais **vraiment** annuler mon abonnement, s'il vous plaît.
Je n'obtiens toujours pas les résultats escomptés.
SUPER MUSCLE 500

TOUT LE MONDE M'AIME

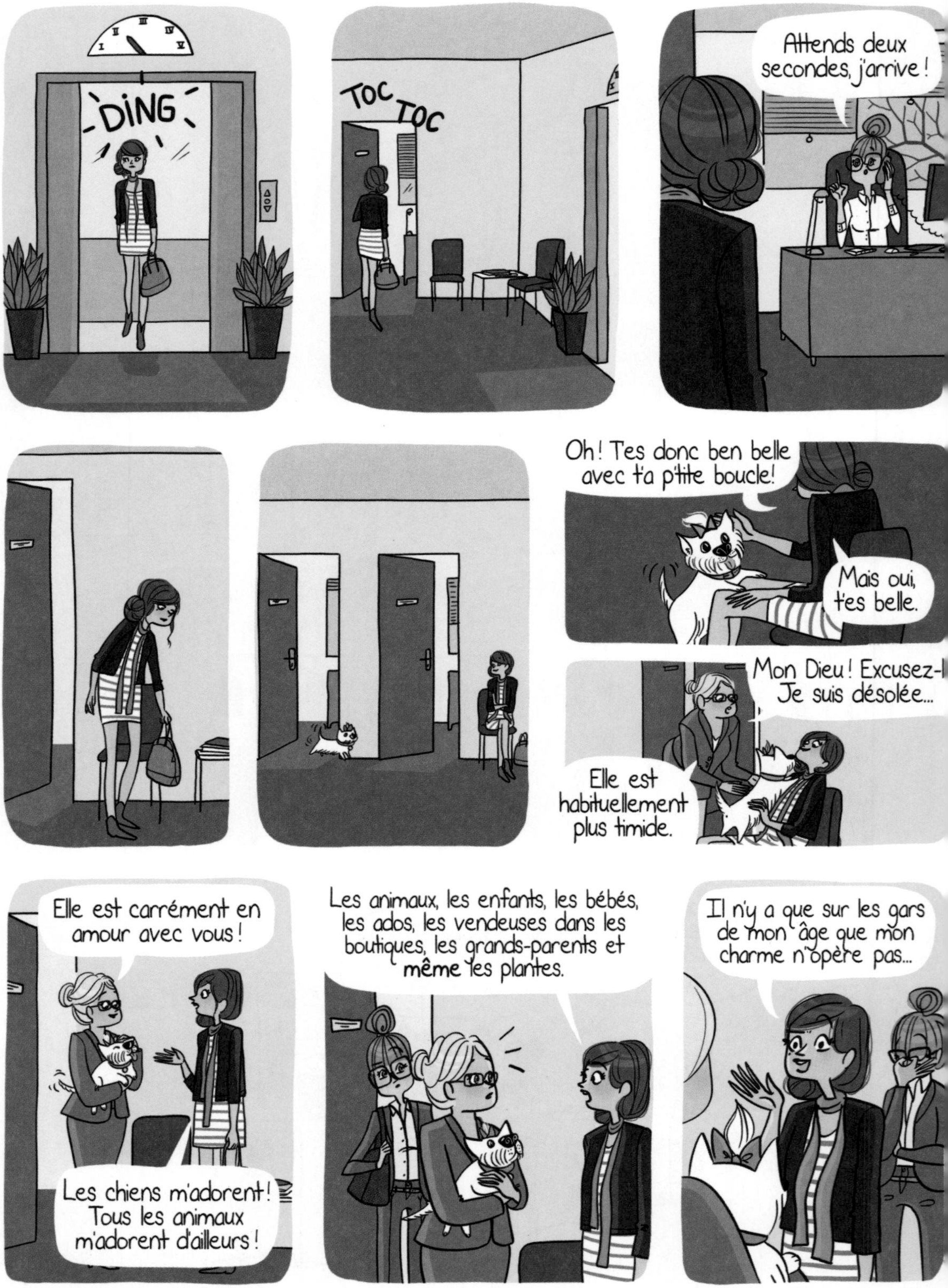
DING
TOC TOC
Attends deux secondes, j'arrive !
Oh! T'es donc ben belle avec t'a p'tite boucle!
Mais oui, t'es belle.
Mon Dieu! Excusez-l
Je suis désolée...
Elle est habituellement plus timide.
Elle est carrément en amour avec vous !
Les chiens m'adorent! Tous les animaux m'adorent d'ailleurs !
Les animaux, les enfants, les bébés, les ados, les vendeuses dans les boutiques, les grands-parents et **même** les plantes.
Il n'y a que sur les gars de mon âge que mon charme n'opère pas...

SÉANCE D'URGENCE

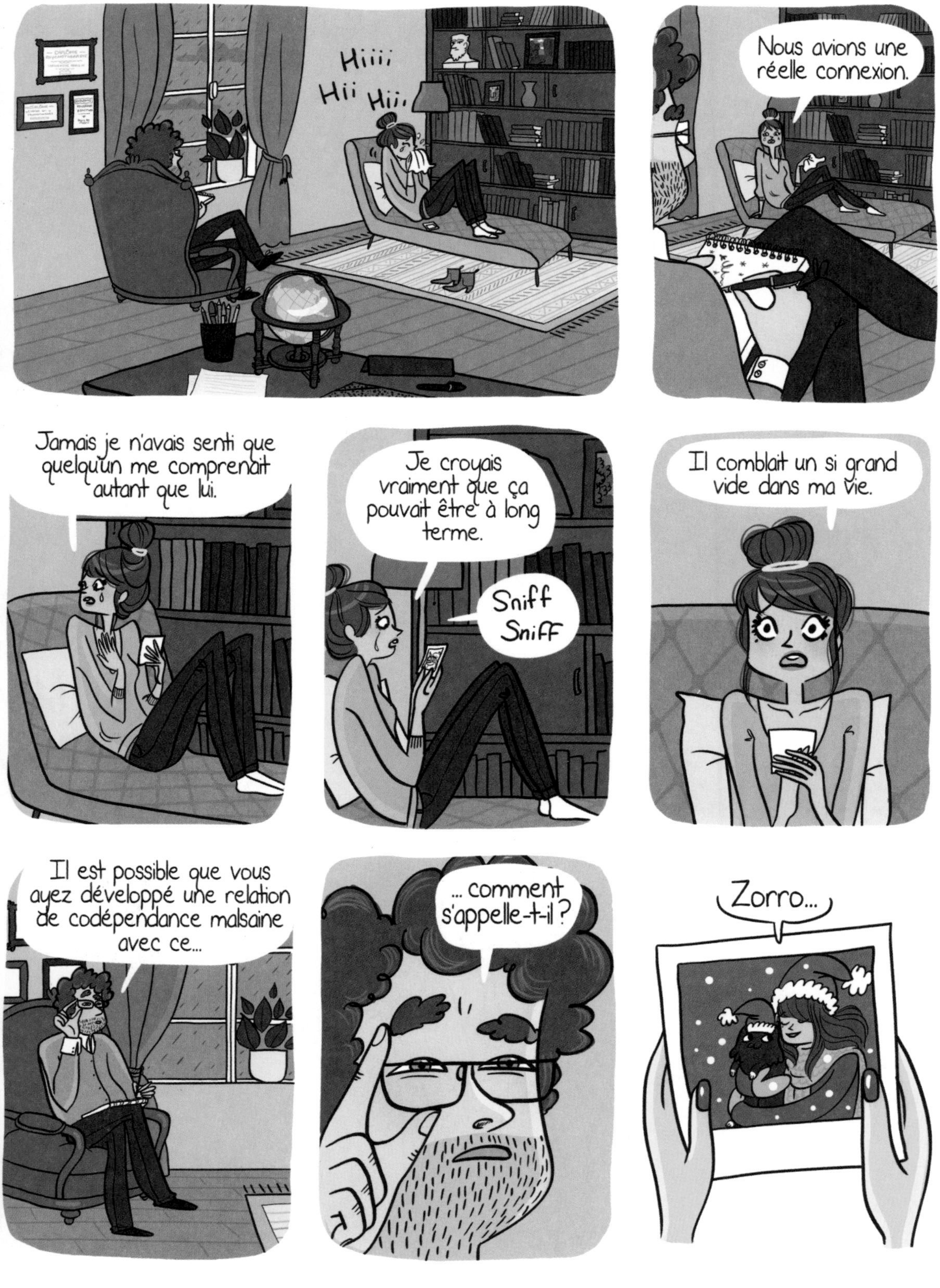
Hiiii
Hii
Hiii
Nous avions une réelle connexion.
Jamais je n'avais senti que quelqu'un me comprenait autant que lui.
Je croyais vraiment que ça pouvait être à long terme.
Sniff Sniff
Il comblait un si grand vide dans ma vie.
Il est possible que vous ayez développé une relation de codépendance malsaine avec ce...
... comment s'appelle-t-il ?
Zorro...

TRUC POUR NE PAS DÉPRIMER À LA SAINT-VALENTIN

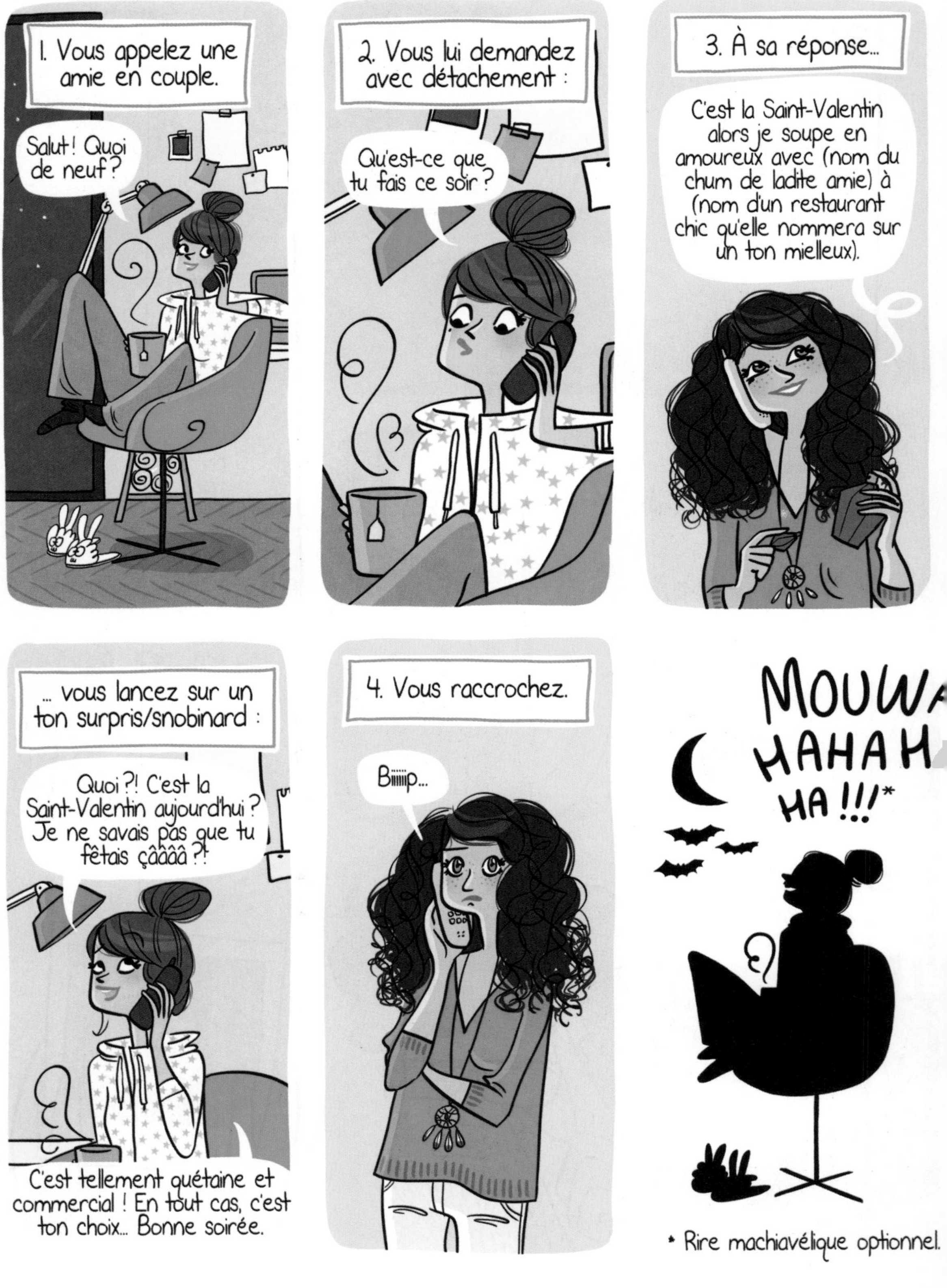

1. Vous appelez une amie en couple.
Salut ! Quoi de neuf ?
2. Vous lui demandez avec détachement :
Qu'est-ce que tu fais ce soir ?
3. À sa réponse...
C'est la Saint-Valentin alors je soupe en amoureux avec (nom du chum de ladite amie) à (nom d'un restaurant chic qu'elle nommera sur un ton mielleux).
... vous lancez sur un ton surpris/snobinard :
Quoi ?! C'est la Saint-Valentin aujourd'hui ? Je ne savais pas que tu fêtais çââââ ?!
C'est tellement quétaine et commercial ! En tout cas, c'est ton choix... Bonne soirée.
4. Vous raccrochez.
Biiiiip...
MOUWA HAHAH HA !!!*
* Rire machiavélique optionnel.

LES VACANCES

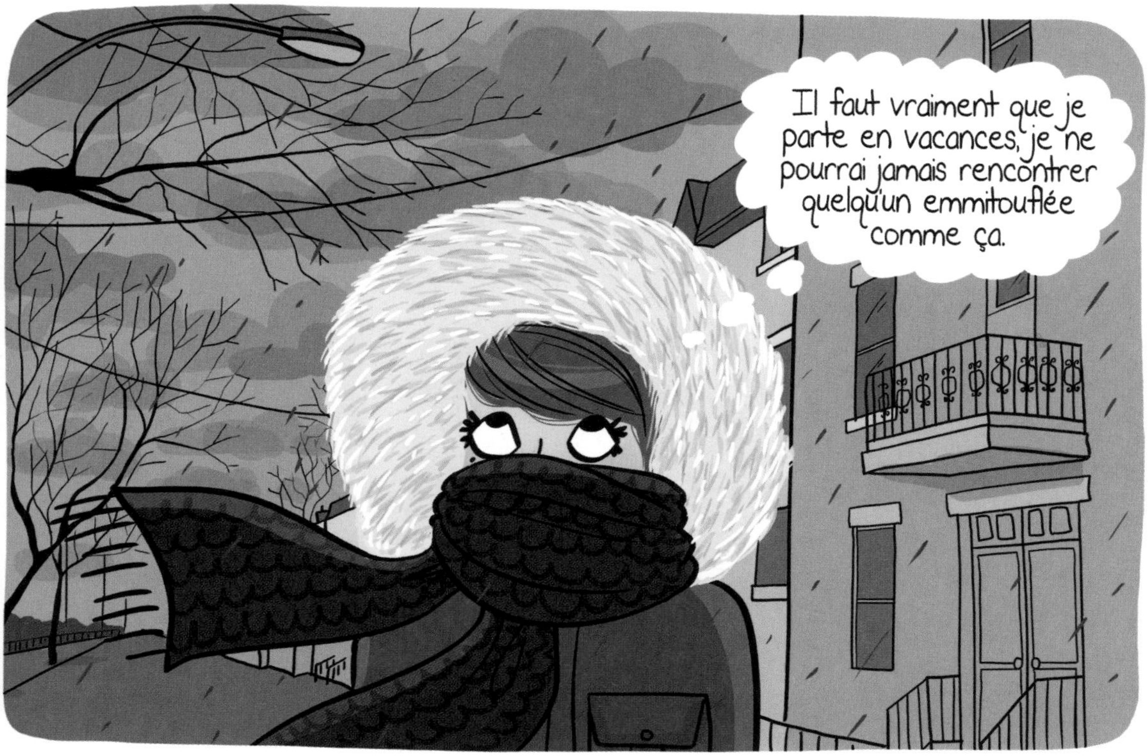
Il faut vraiment que je parte en vacances, je ne pourrai jamais rencontrer quelqu'un emmitouflée comme ça.

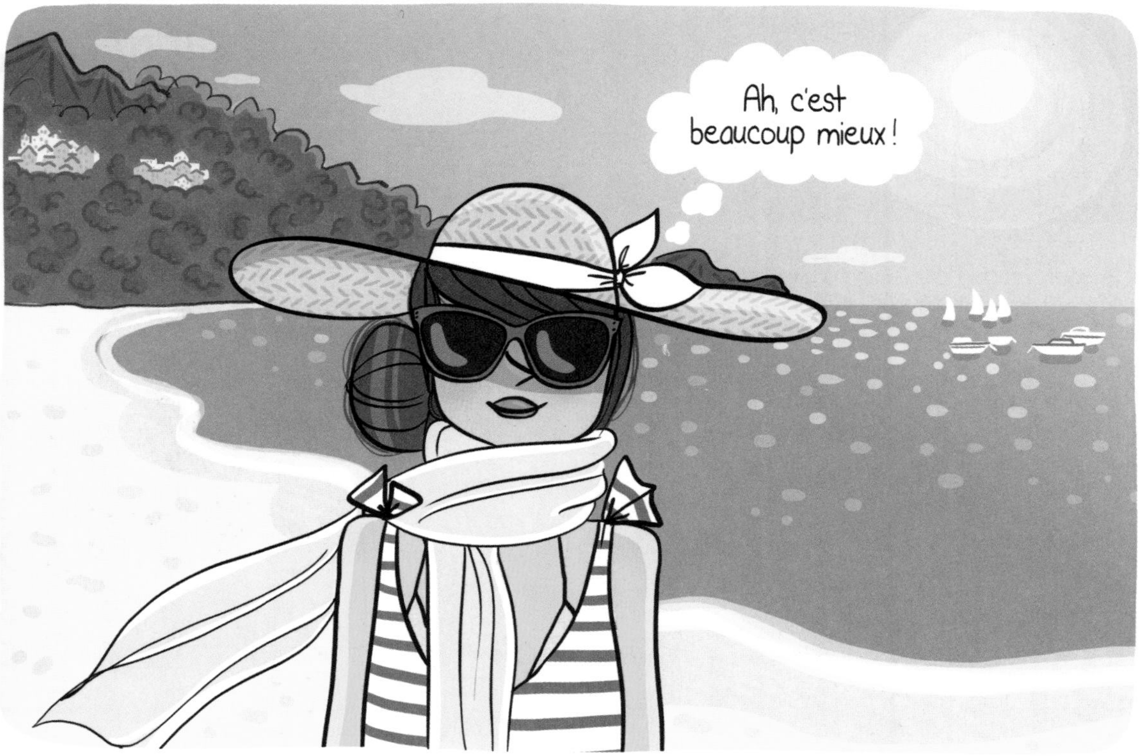
Ah, c'est beaucoup mieux !

PROBLÈME DE COMMUNICATION

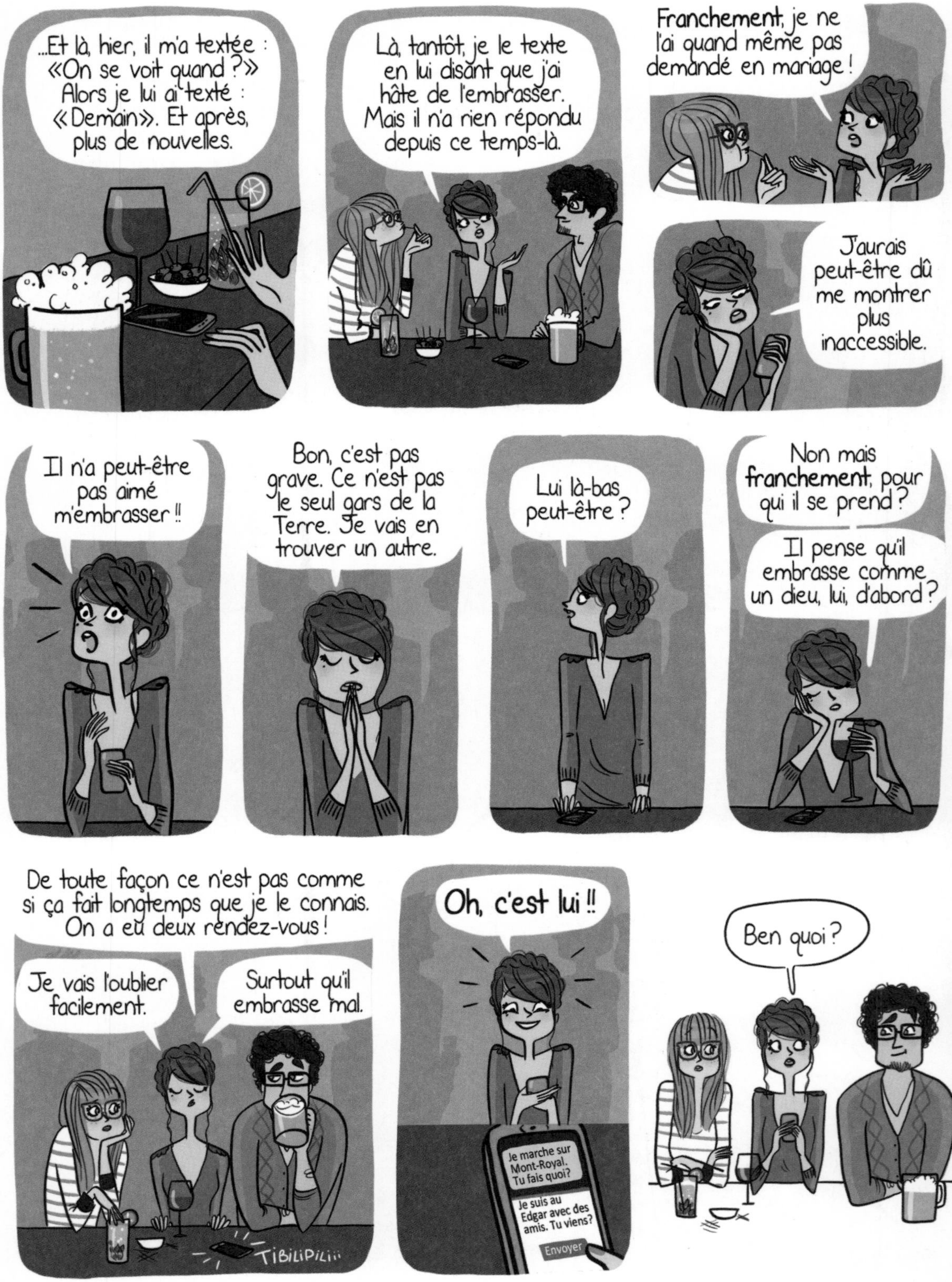

...Et là, hier, il m'a textée : «On se voit quand ?» Alors je lui ai texté : «Demain». Et après, plus de nouvelles.
Là, tantôt, je le texte en lui disant que j'ai hâte de l'embrasser. Mais il n'a rien répondu depuis ce temps-là.
Franchement, je ne l'ai quand même pas demandé en mariage !
J'aurais peut-être dû me montrer plus inaccessible.
Il n'a peut-être pas aimé m'embrasser !!
Bon, c'est pas grave. Ce n'est pas le seul gars de la Terre. Je vais en trouver un autre.
Lui là-bas peut-être ?
Non mais franchement, pour qui il se prend ?
Il pense qu'il embrasse comme un dieu, lui, d'abord ?
De toute façon ce n'est pas comme si ça fait longtemps que je le connais. On a eu deux rendez-vous !
Je vais l'oublier facilement.
Surtout qu'il embrasse mal.
TIBILIPILiii
Oh, c'est lui !!
Je marche sur Mont-Royal. Tu fais quoi?
Je suis au Edgar avec des amis. Tu viens?
Envoyer
Ben quoi ?

VOUS AVEZ UN NOUVEAU MESSAGE ✉

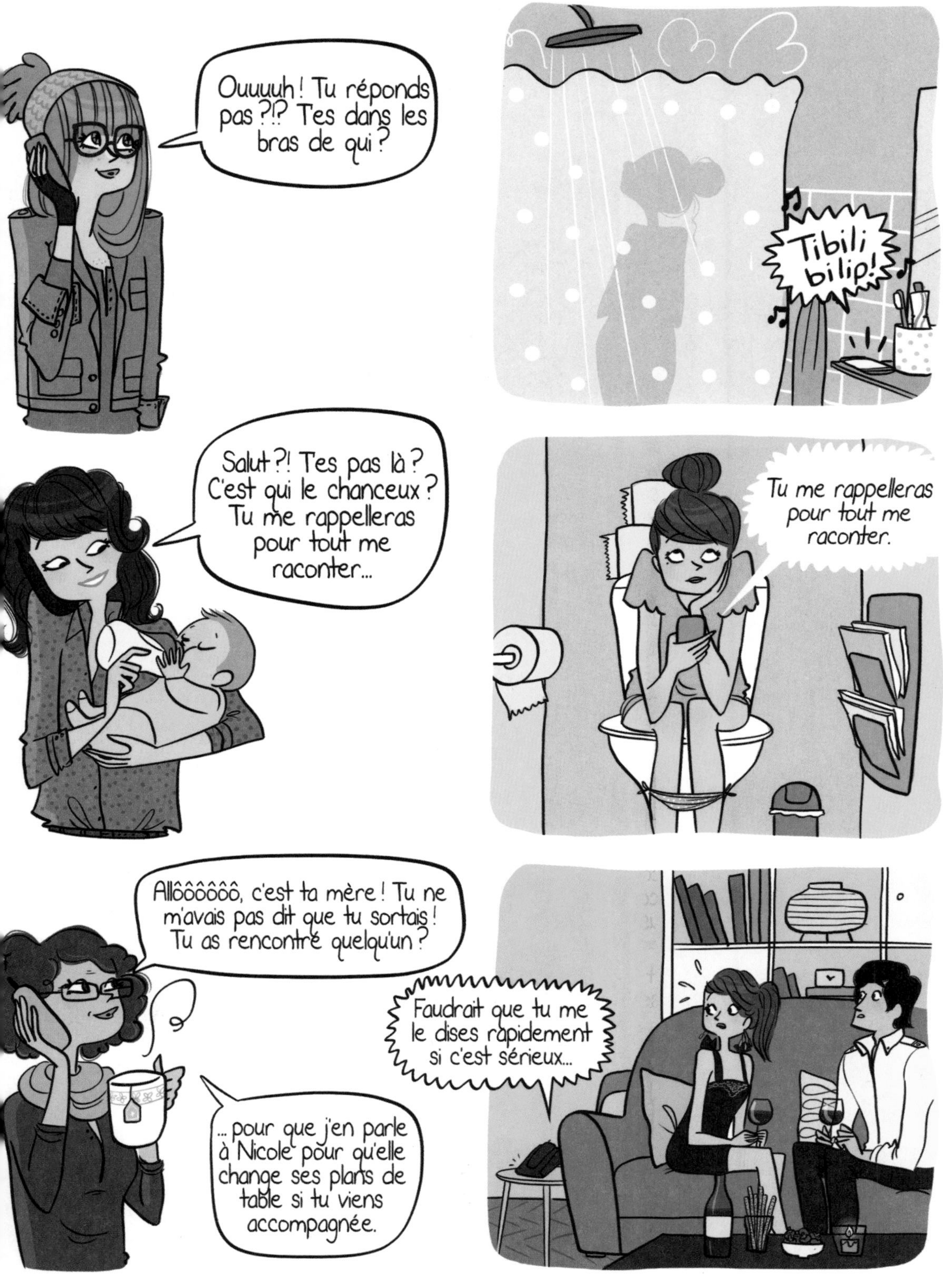

Ouuuuh ! Tu réponds pas ?!? T'es dans les bras de qui ?
Tibili bilip !
Salut ?! T'es pas là ? C'est qui le chanceux ? Tu me rappelleras pour tout me raconter...
Tu me rappelleras pour tout me raconter.
Allôôôôôô, c'est ta mère ! Tu ne m'avais pas dit que tu sortais ! Tu as rencontré quelqu'un ?
... pour que j'en parle à Nicole pour qu'elle change ses plans de table si tu viens accompagnée.
Faudrait que tu me le dises rapidement si c'est sérieux...

UNE QUESTION DE GÉNÉRATION

Tu veux des enfants ?

Tu cherches une relation sérieuse ?

Tu veux te marier ?

Boissons
Thé Rooibos
Thé fleur de cerisier
Café

Je n'ose jamais poser ce genre de questions lors d'un premier rendez-vous. J'ai peur de faire fuir le gars.

Dans le fond, cette génération est plus proactive que nous.

En abordant ces sujets de front, ils évitent ainsi toute l'ambivalence et l'ambiguïté propres à notre génération.

C'est vraiment intelligent.

Tu cherches une relation ?

Tu veux te marier un jour ?

Tu veux des enfants ?

PAF

C'EST PAS MOI C'EST L'AUTRE

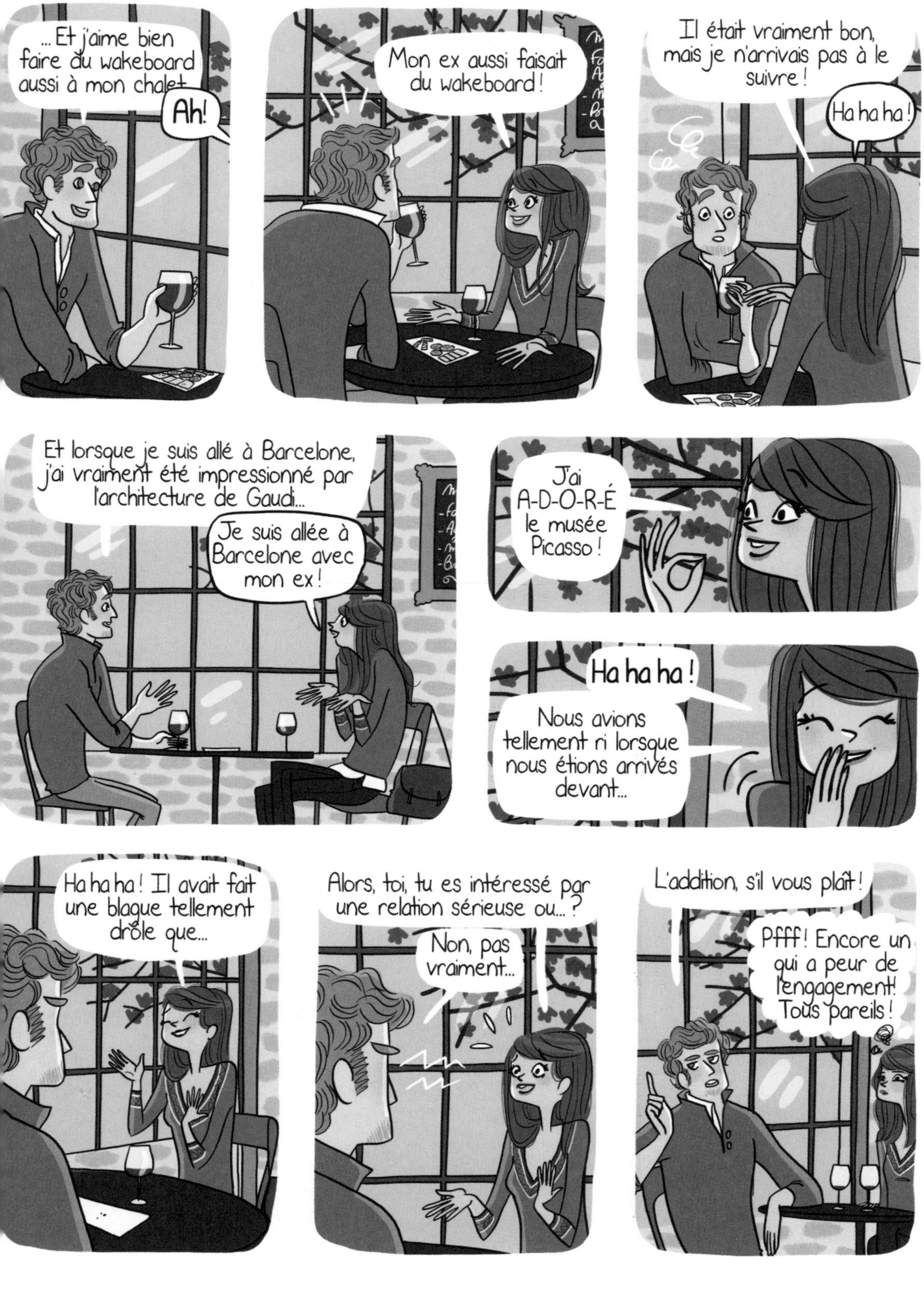

... Et j'aime bien faire du wakeboard aussi à mon chalet
Ah!
Mon ex aussi faisait du wakeboard !
Il était vraiment bon, mais je n'arrivais pas à le suivre !
Ha ha ha !
Et lorsque je suis allé à Barcelone, j'ai vraiment été impressionné par l'architecture de Gaudi...
Je suis allée à Barcelone avec mon ex !
J'ai A-D-O-R-É le musée Picasso !
Ha ha ha !
Nous avions tellement ri lorsque nous étions arrivés devant...
Ha ha ha ! Il avait fait une blague tellement drôle que...
Alors, toi, tu es intéressé par une relation sérieuse ou... ?
Non, pas vraiment...
L'addition, s'il vous plaît !
Pfff ! Encore un qui a peur de l'engagement ! Tous pareils !

SALOON

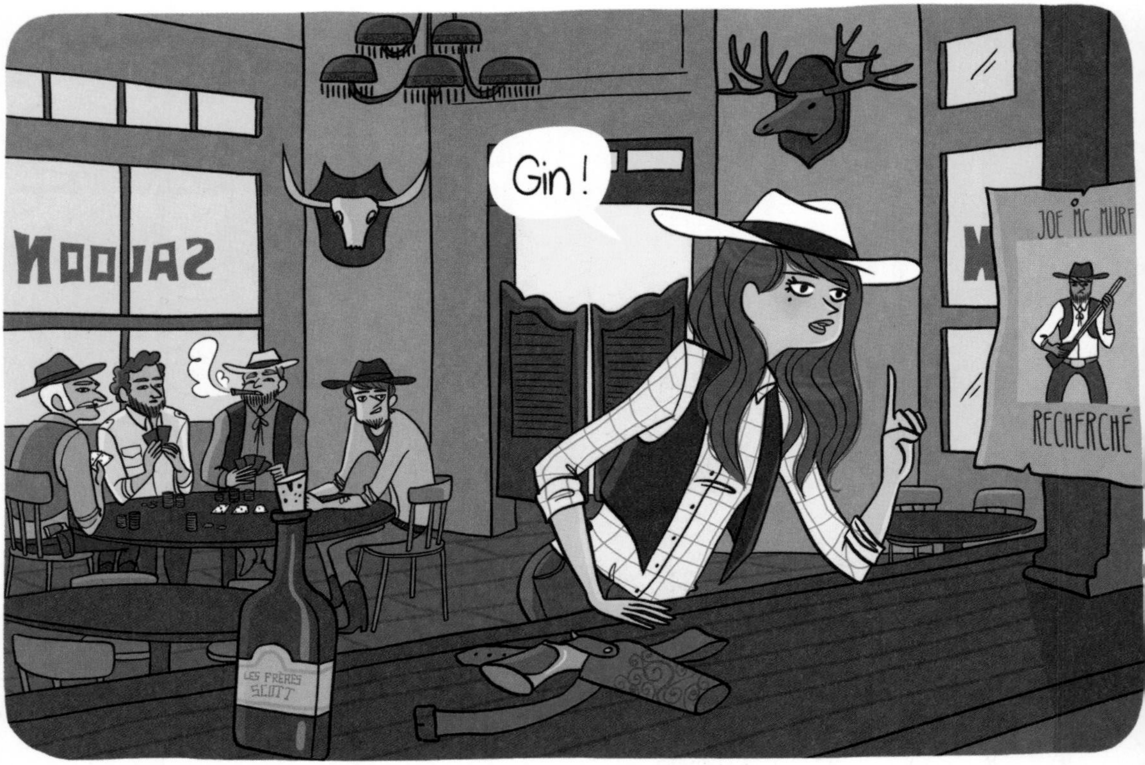
Gin !
JOE MC MURF
RECHERCHÉ
LES FRÈRES SCOTT

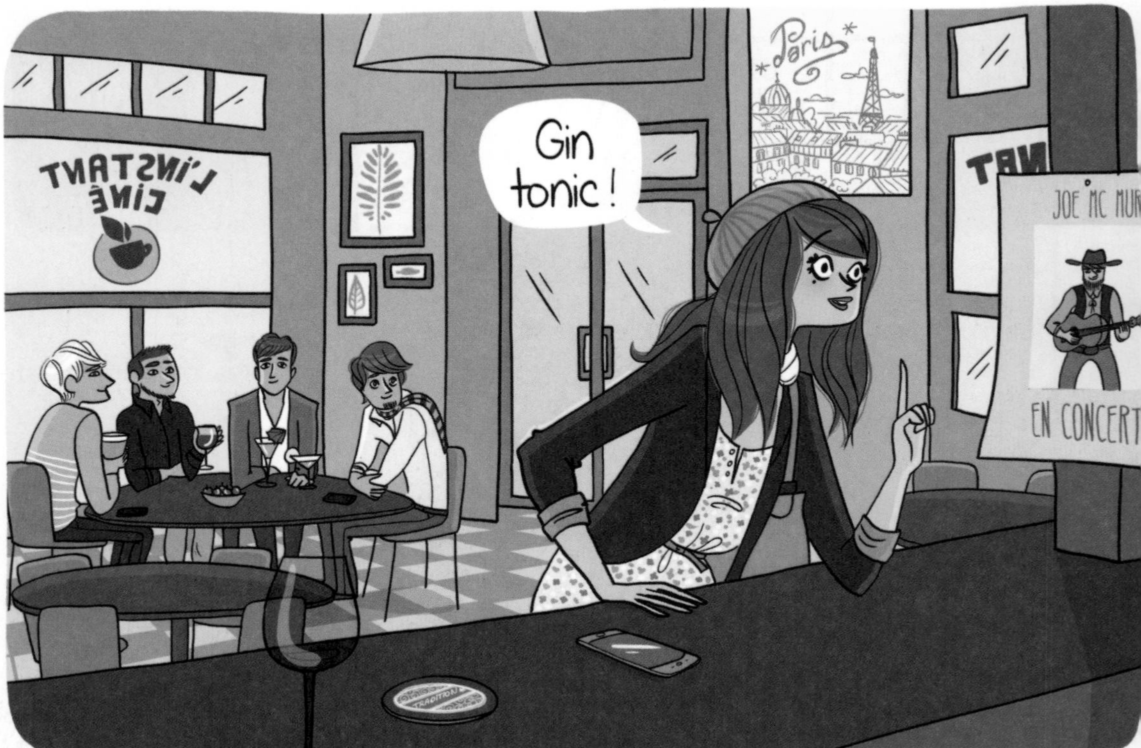
Paris
Gin tonic !
JOE MC MUR
EN CONCERT

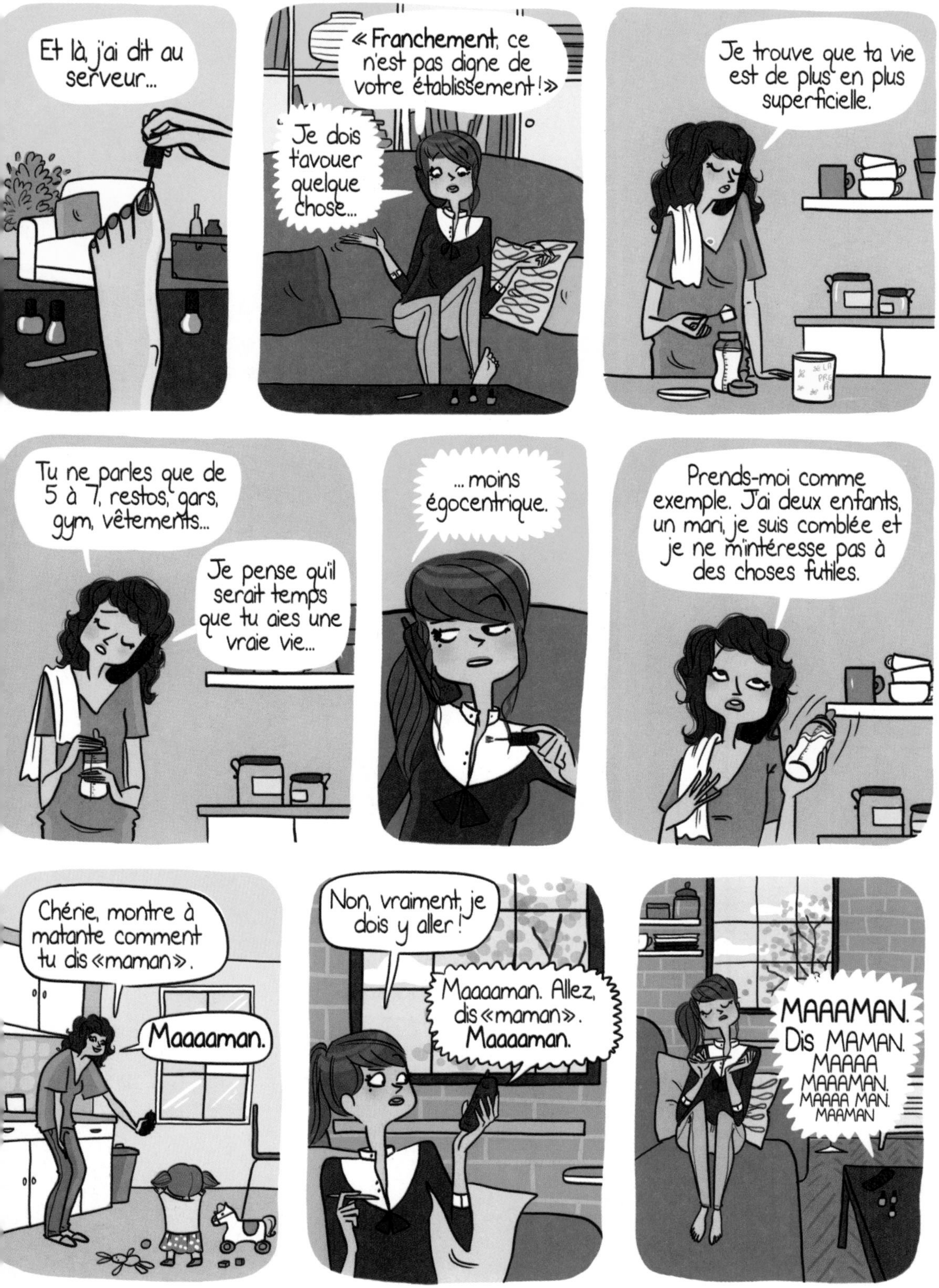
Et là, j'ai dit au serveur...
« Franchement, ce n'est pas digne de votre établissement ! »
Je dois t'avouer quelque chose...
Je trouve que ta vie est de plus en plus superficielle.
Tu ne parles que de 5 à 7, restos, gars, gym, vêtements...
Je pense qu'il serait temps que tu aies une vraie vie...
... moins égocentrique.
Prends-moi comme exemple. J'ai deux enfants, un mari, je suis comblée et je ne m'intéresse pas à des choses futiles.
Chérie, montre à matante comment tu dis « maman ».
Maaaaman.
Non, vraiment, je dois y aller !
Maaaaman. Allez, dis « maman ». Maaaaman.
MAAAMAN. Dis MAMAN. MAAAA MAAAMAN. MAAAA MAN. MAAMAN

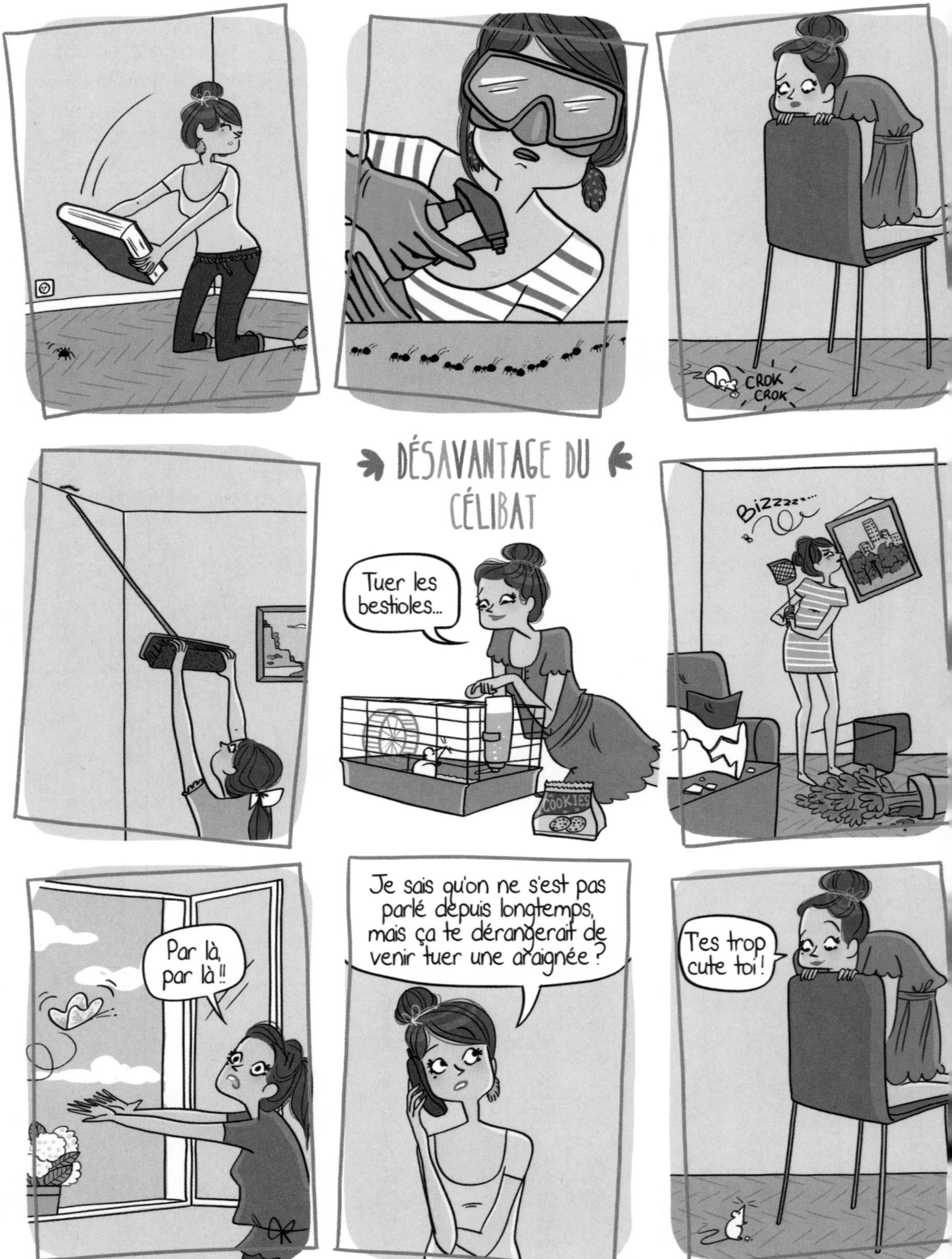

CROK CROK
DÉSAVANTAGE DU CÉLIBAT
Tuer les bestioles...
COOKIES
Bizzzzz...
Par là, par là !!
Je sais qu'on ne s'est pas parlé depuis longtemps, mais ça te dérangerait de venir tuer une araignée ?
T'es trop cute toi !

VOITURE DE RÊVE

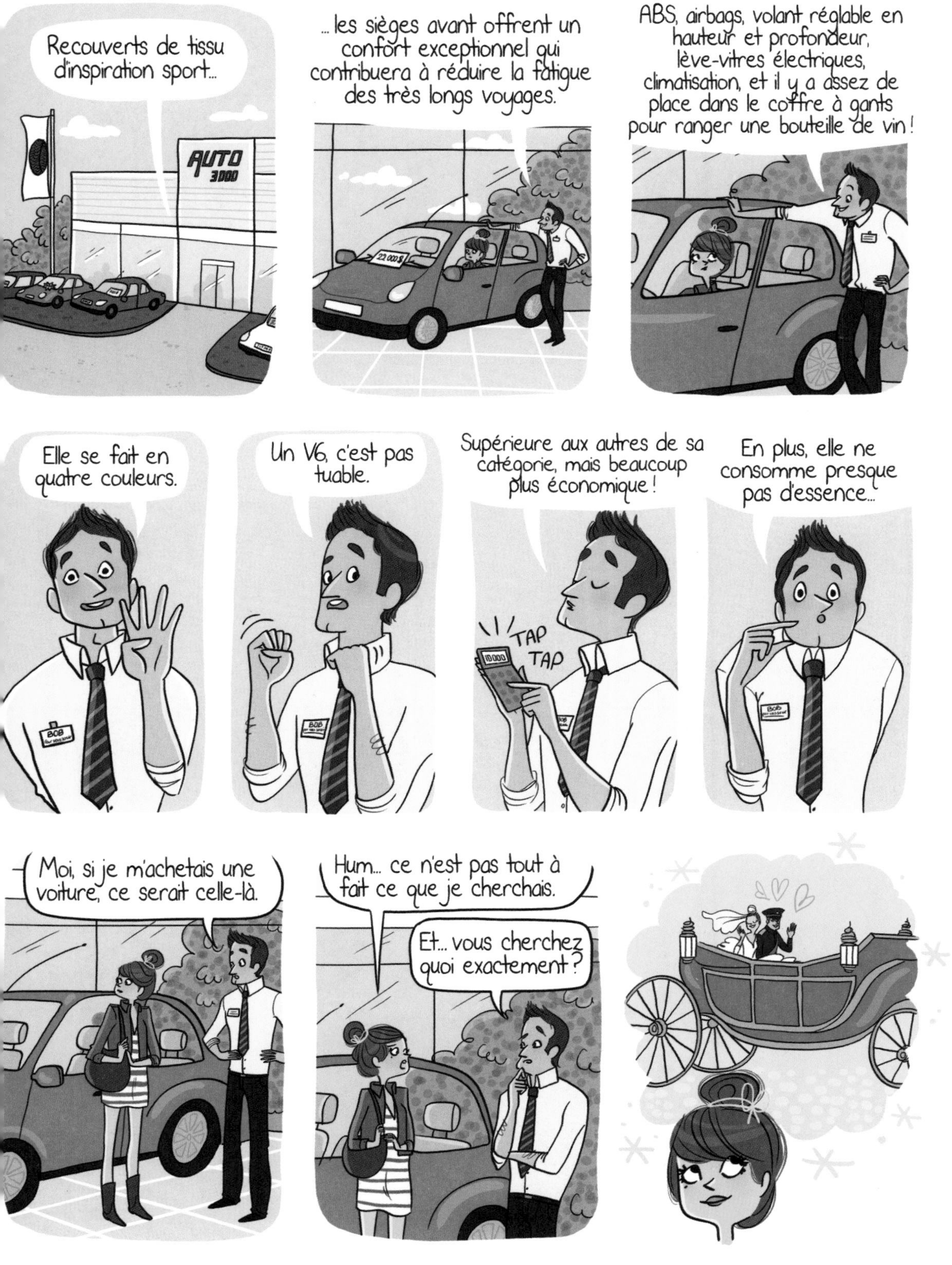

Recouverts de tissu d'inspiration sport...
AUTO 3000
... les sièges avant offrent un confort exceptionnel qui contribuera à réduire la fatigue des très longs voyages.
22 000 $
ABS, airbags, volant réglable en hauteur et profondeur, lève-vitres électriques, climatisation, et il y a assez de place dans le coffre à gants pour ranger une bouteille de vin !
Elle se fait en quatre couleurs.
BOB
Un V6, c'est pas tuable.
Supérieure aux autres de sa catégorie, mais beaucoup plus économique !
TAP
TAP
10 000
En plus, elle ne consomme presque pas d'essence...
Moi, si je m'achetais une voiture, ce serait celle-là.
Hum... ce n'est pas tout à fait ce que je cherchais.
Et... vous cherchez quoi exactement ?

LA TRISTE RÉALITÉ

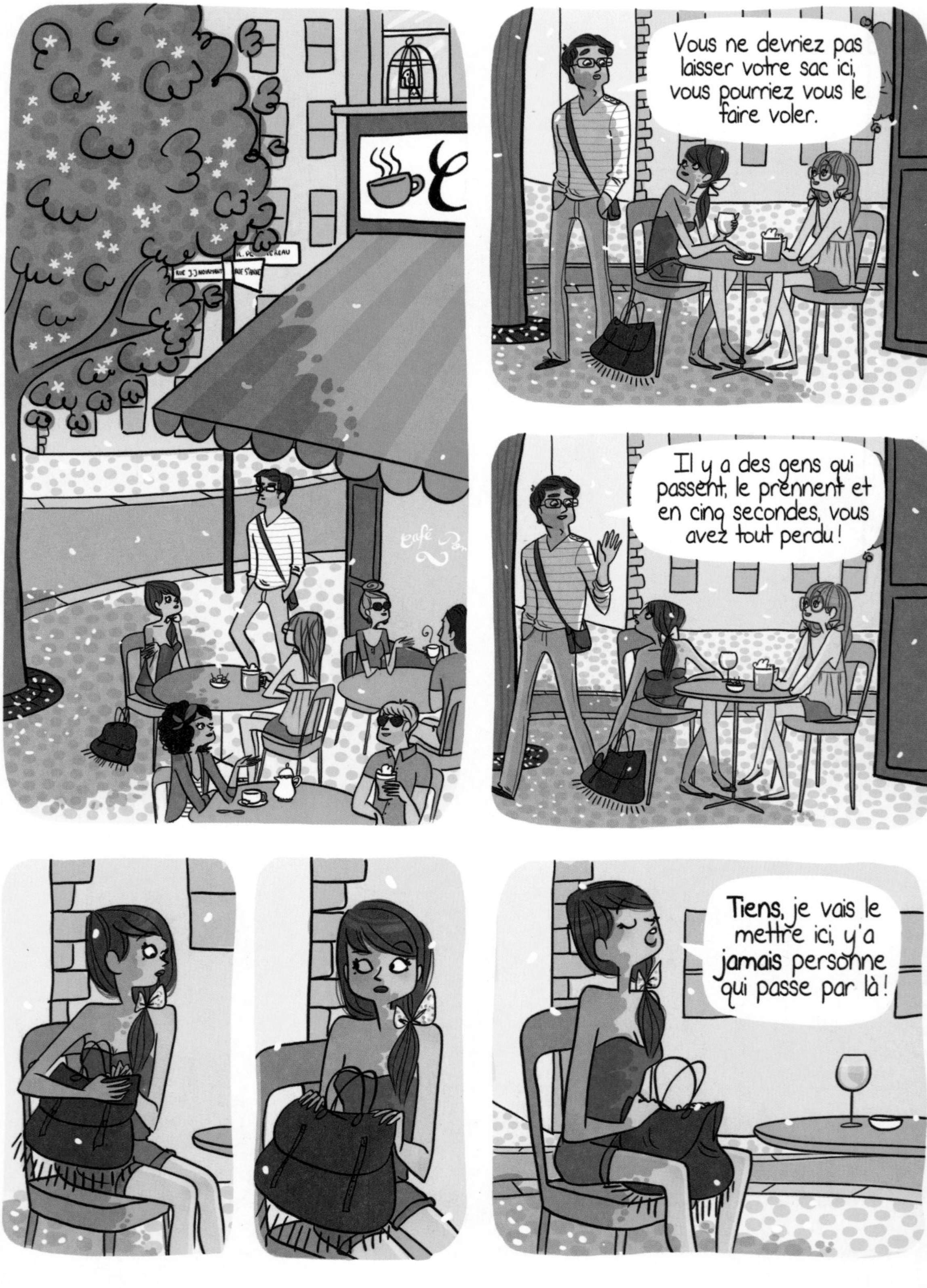
RUE J.J NOIRMONT
RUE STANNE
Vous ne devriez pas laisser votre sac ici, vous pourriez vous le faire voler.
Il y a des gens qui passent, le prennent et en cinq secondes, vous avez tout perdu !
Tiens, je vais le mettre ici, y'a **jamais** personne qui passe par là !

À NE PAS FAIRE AVEC VOTRE MÉDECIN 2

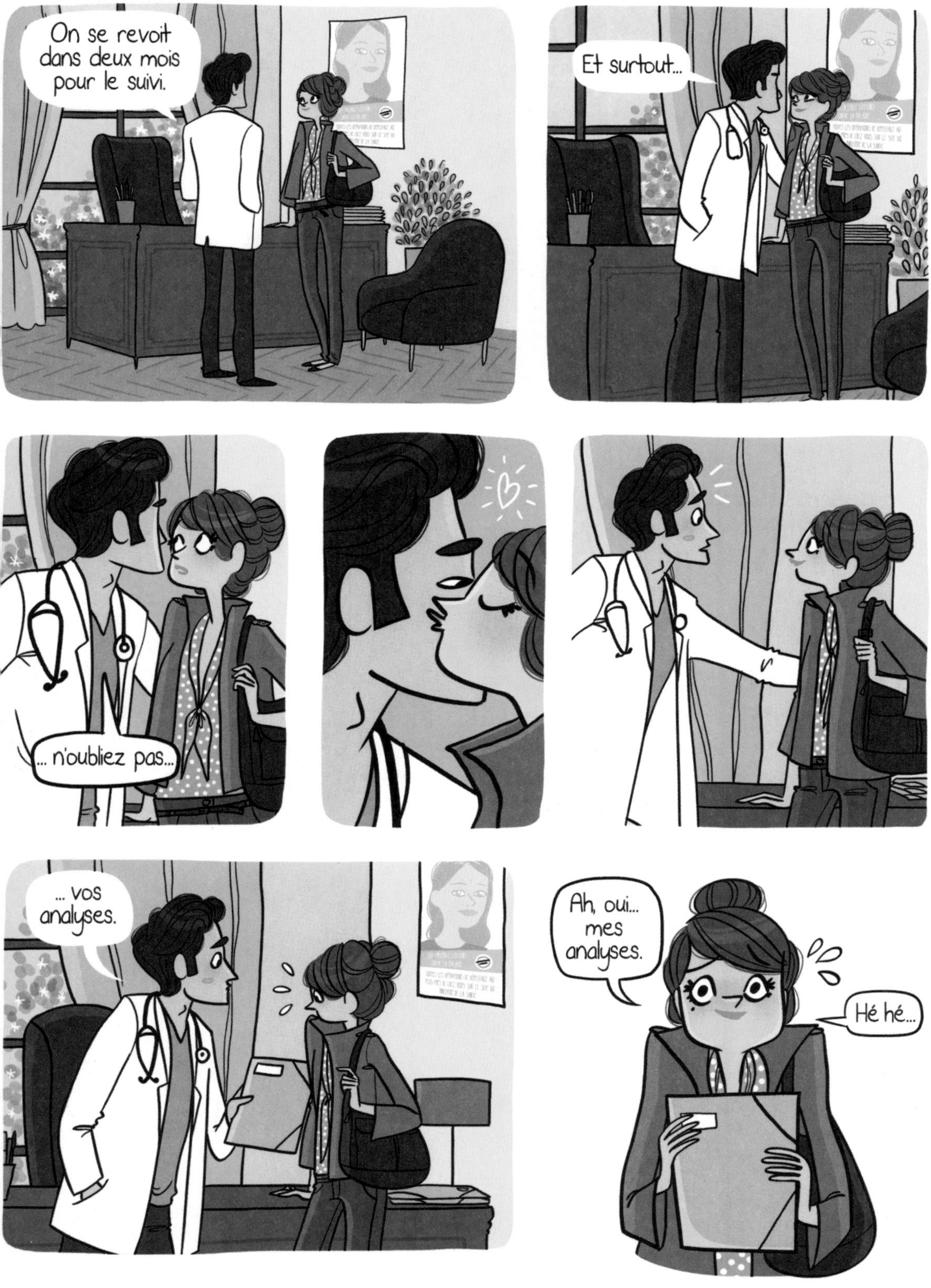
On se revoit dans deux mois pour le suivi.
Et surtout...
... n'oubliez pas...
... vos analyses.
Ah, oui... mes analyses.
Hé hé...

VIVE LA MARIÉE !

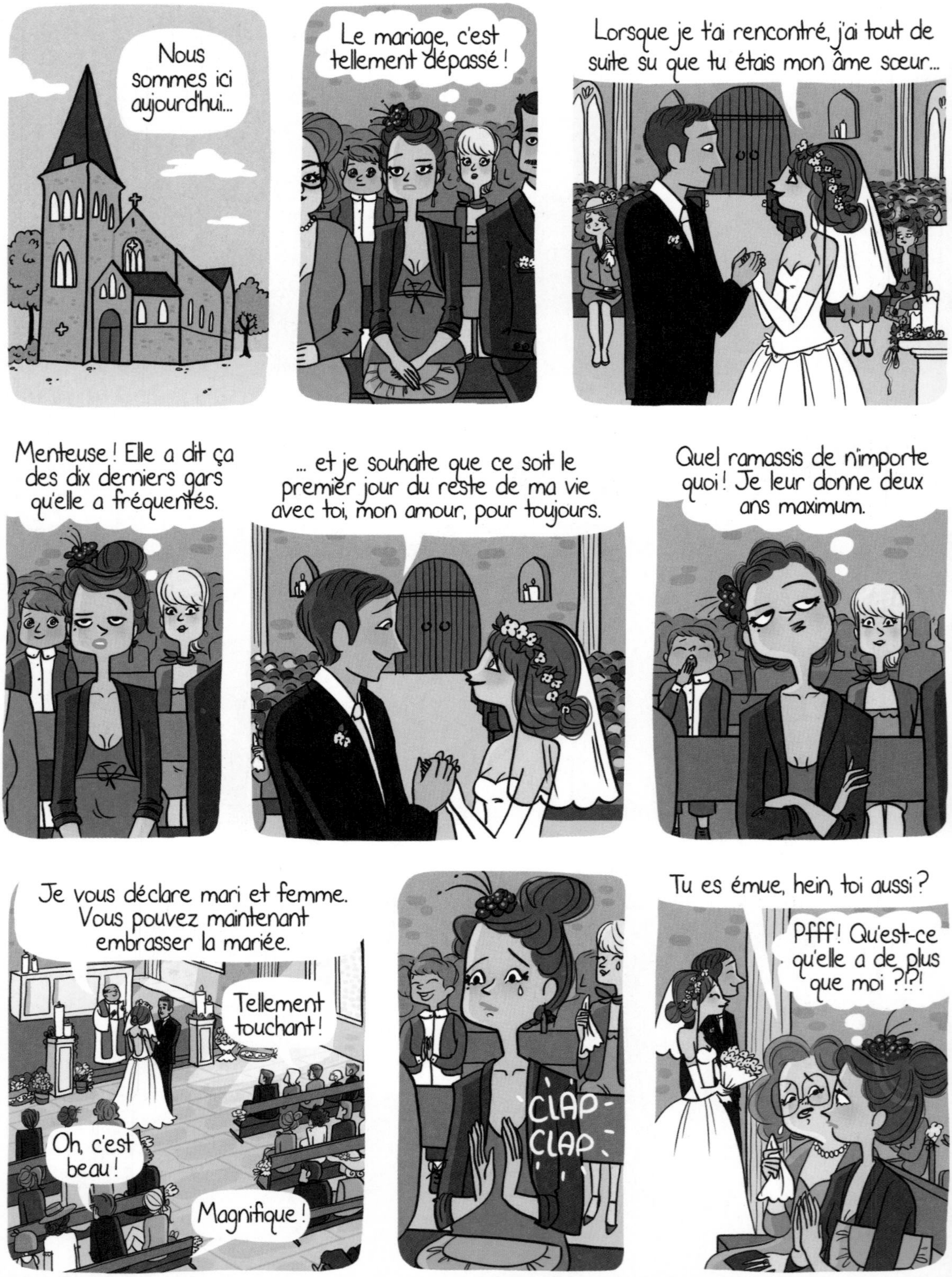
Nous sommes ici aujourd'hui...
Le mariage, c'est tellement dépassé !
Lorsque je t'ai rencontré, j'ai tout de suite su que tu étais mon âme sœur...
Menteuse ! Elle a dit ça des dix derniers gars qu'elle a fréquentés.
... et je souhaite que ce soit le premier jour du reste de ma vie avec toi, mon amour, pour toujours.
Quel ramassis de n'importe quoi ! Je leur donne deux ans maximum.
Je vous déclare mari et femme. Vous pouvez maintenant embrasser la mariée.
Tellement touchant !
Oh, c'est beau !
Magnifique !
CLAP CLAP
Tu es émue, hein, toi aussi ?
Pfff ! Qu'est-ce qu'elle a de plus que moi ?!?!

L'HERBE EST PLUS VERTE CHEZ LA VOISINE 2

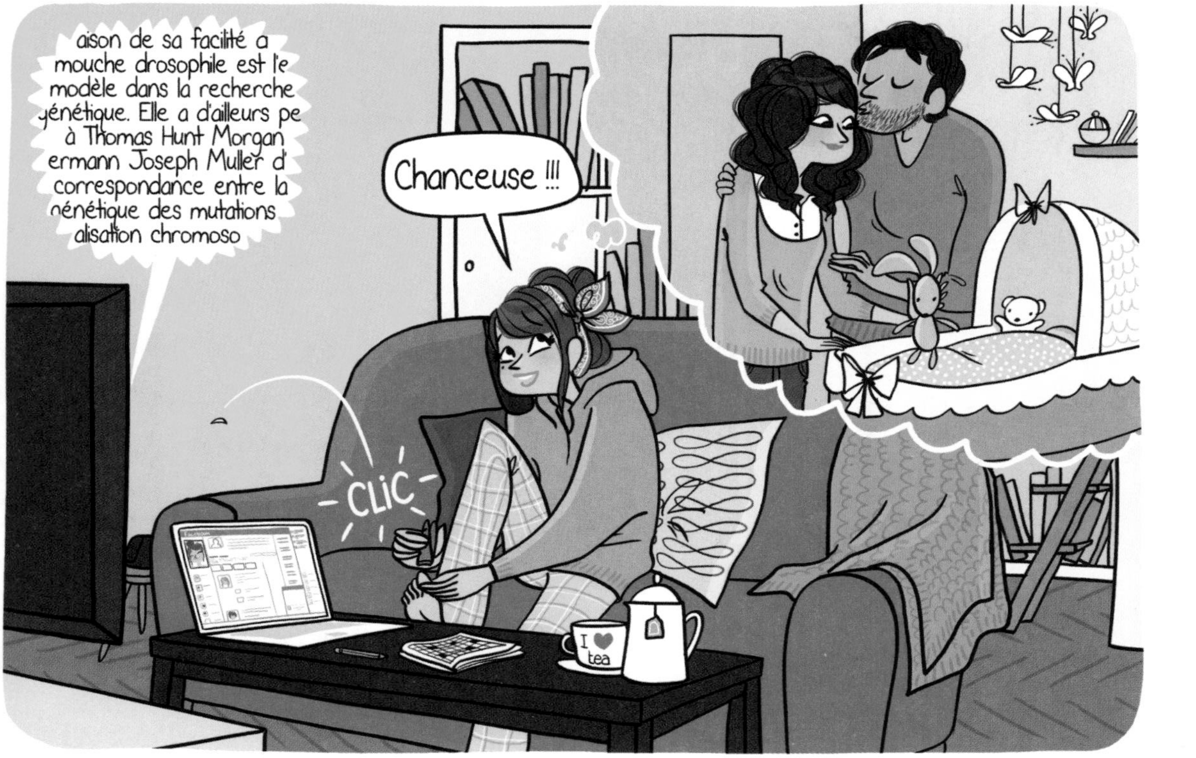
aison de sa facilité a
mouche drosophile est l'e
modèle dans la recherche
yénétique. Elle a d'ailleurs pe
à Thomas Hunt Morgan
ermann Joseph Muller d'
correspondance entre la
nénétique des mutations
alisation chromoso
Chanceuse !!!
CLIC
I ♥ tea

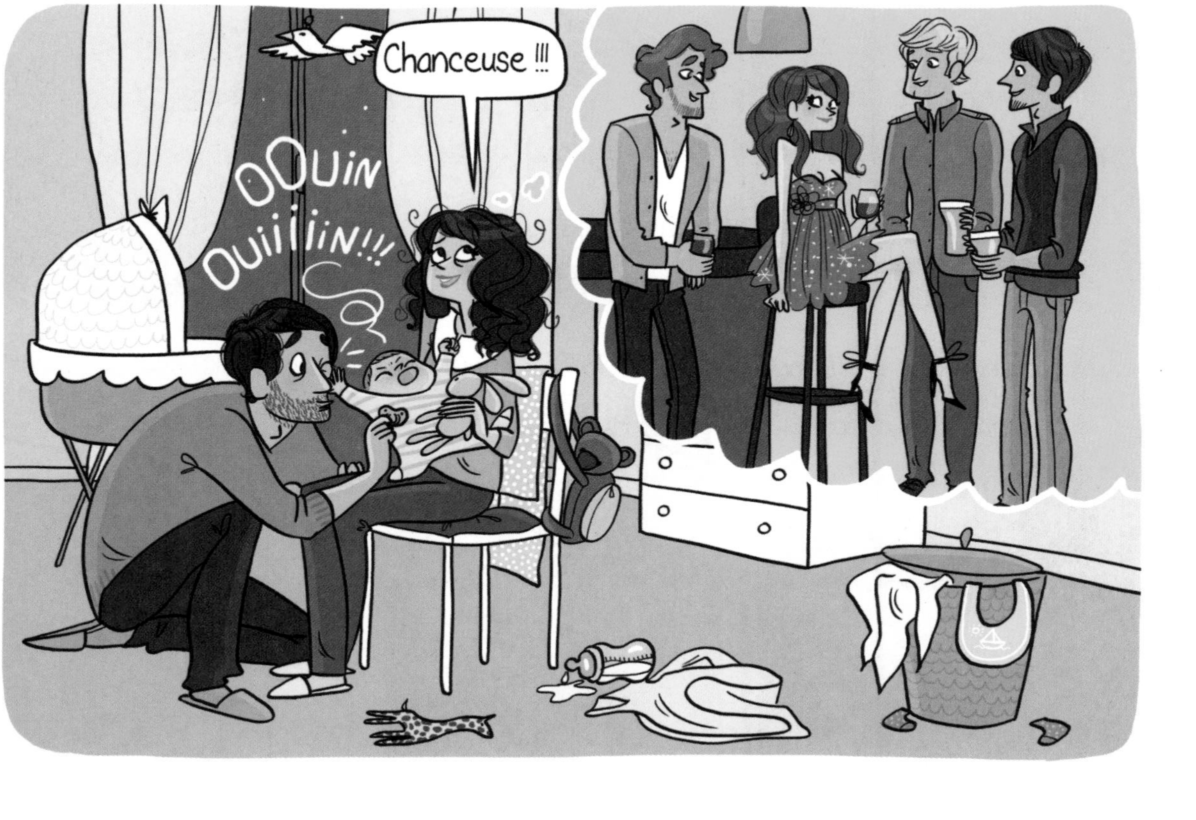
Chanceuse !!!
OOUIN
OUIIIIIN!!!

LES ZOMBIES

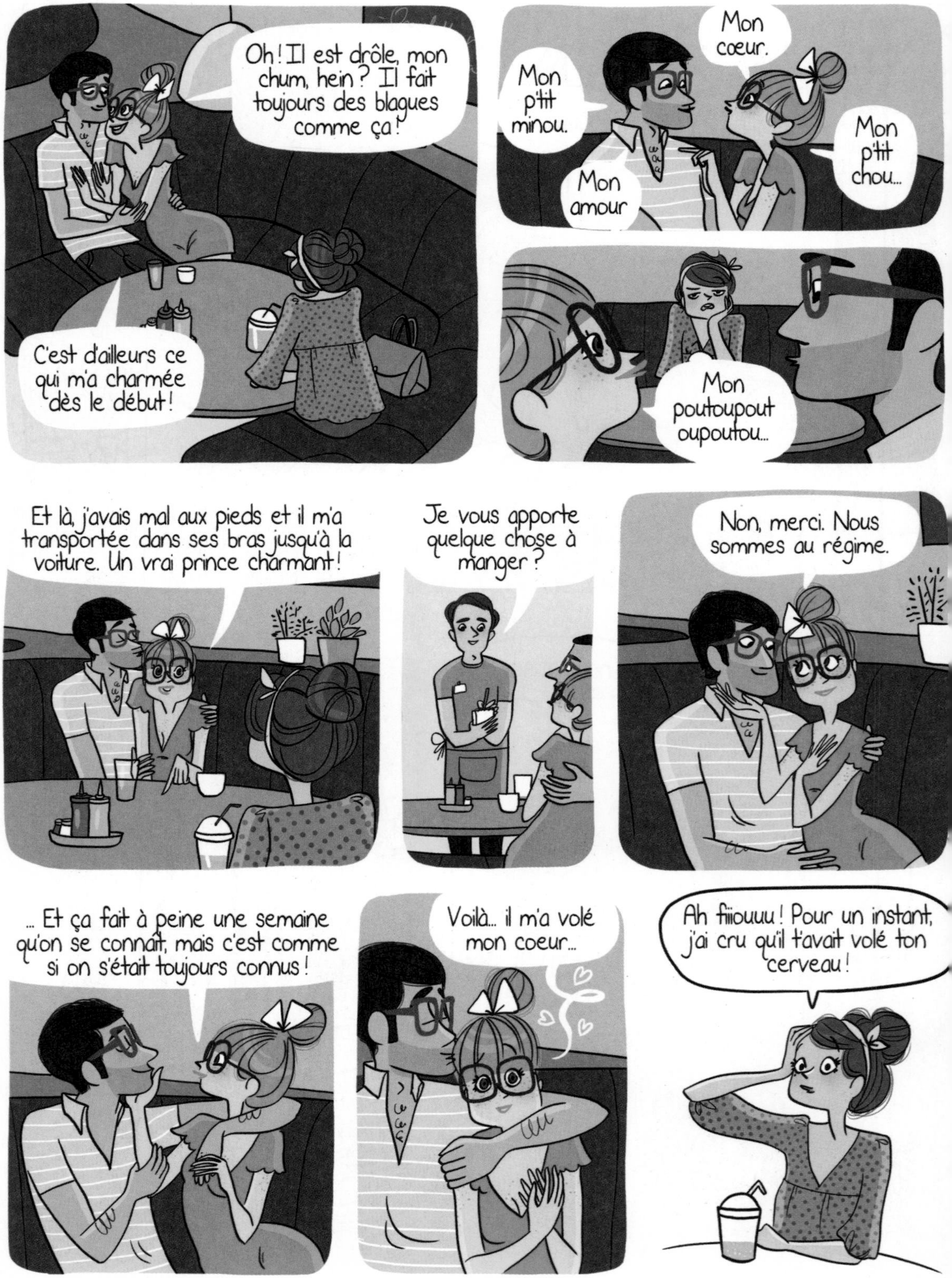
Oh! Il est drôle, mon chum, hein? Il fait toujours des blagues comme ça!
C'est d'ailleurs ce qui m'a charmée dès le début!
Mon coeur.
Mon p'tit minou.
Mon p'tit chou...
Mon amour
Mon poutoupout oupoutou...
Et là, j'avais mal aux pieds et il m'a transportée dans ses bras jusqu'à la voiture. Un vrai prince charmant!
Je vous apporte quelque chose à manger?
Non, merci. Nous sommes au régime.
... Et ça fait à peine une semaine qu'on se connaît, mais c'est comme si on s'était toujours connus!
Voilà... il m'a volé mon coeur...
Ah fiiouuu! Pour un instant, j'ai cru qu'il t'avait volé ton cerveau!

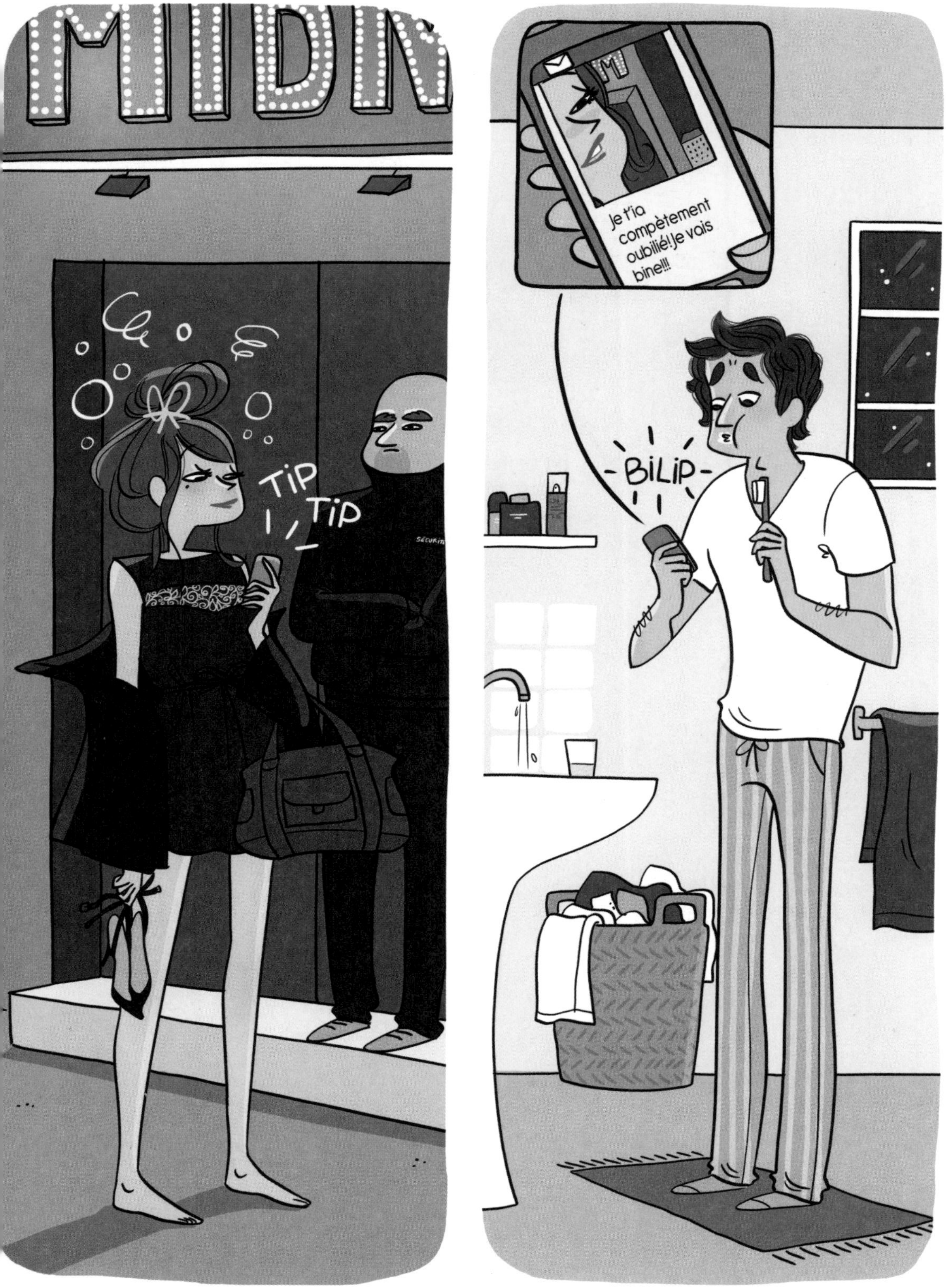
TIP
TIP
Je t'ia compètement oubilié! Je vais bine!!!
BILIP

GÉRANTS D'ESTRADE

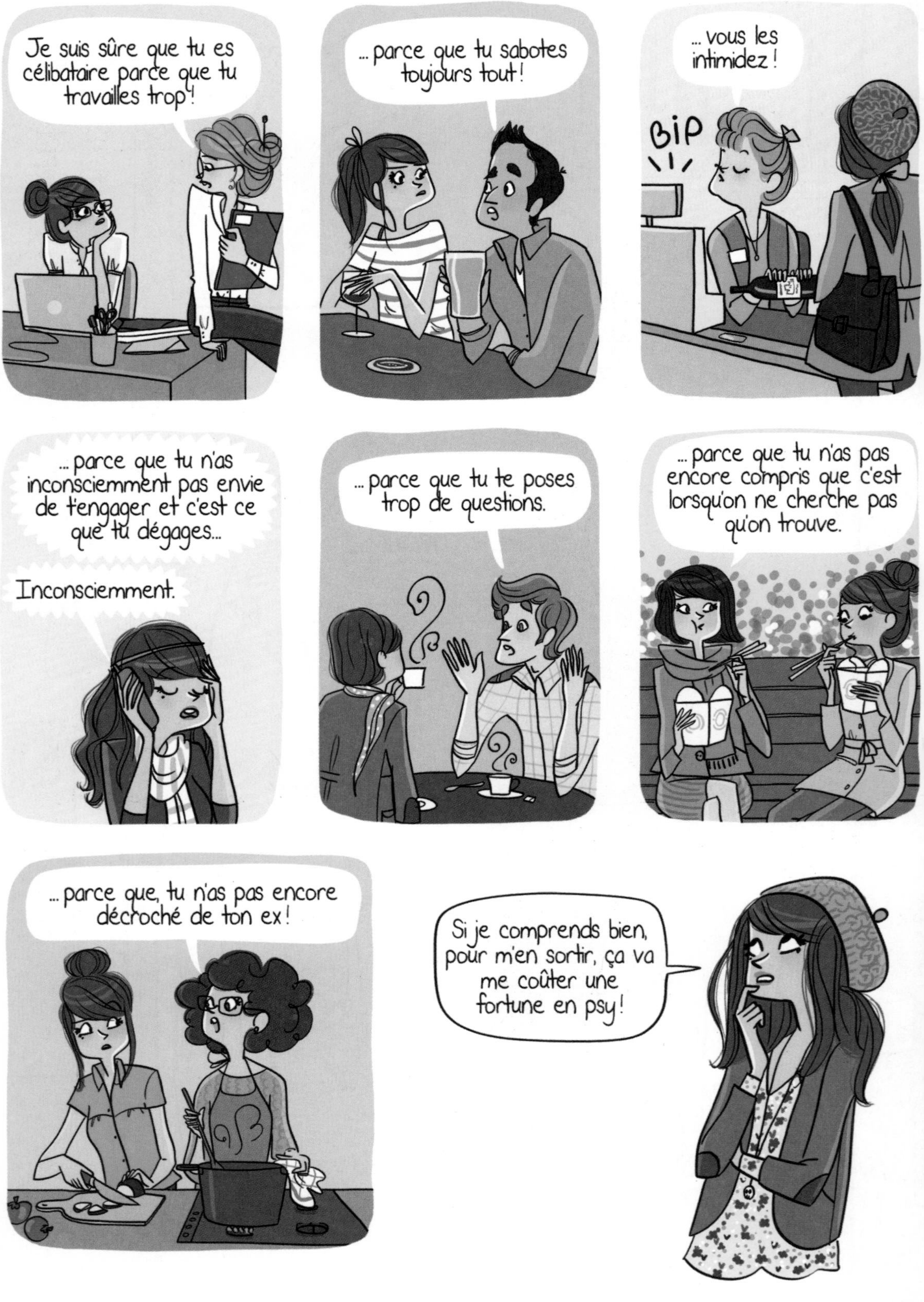
Je suis sûre que tu es célibataire parce que tu travailles trop !
... parce que tu sabotes toujours tout !
... vous les intimidez !
BIP
... parce que tu n'as inconsciemment pas envie de t'engager et c'est ce que tu dégages...
Inconsciemment.
... parce que tu te poses trop de questions.
... parce que tu n'as pas encore compris que c'est lorsqu'on ne cherche pas qu'on trouve.
... parce que, tu n'as pas encore décroché de ton ex !
Si je comprends bien, pour m'en sortir, ça va me coûter une fortune en psy !

UNE TRÈS BELLE JOURNÉE

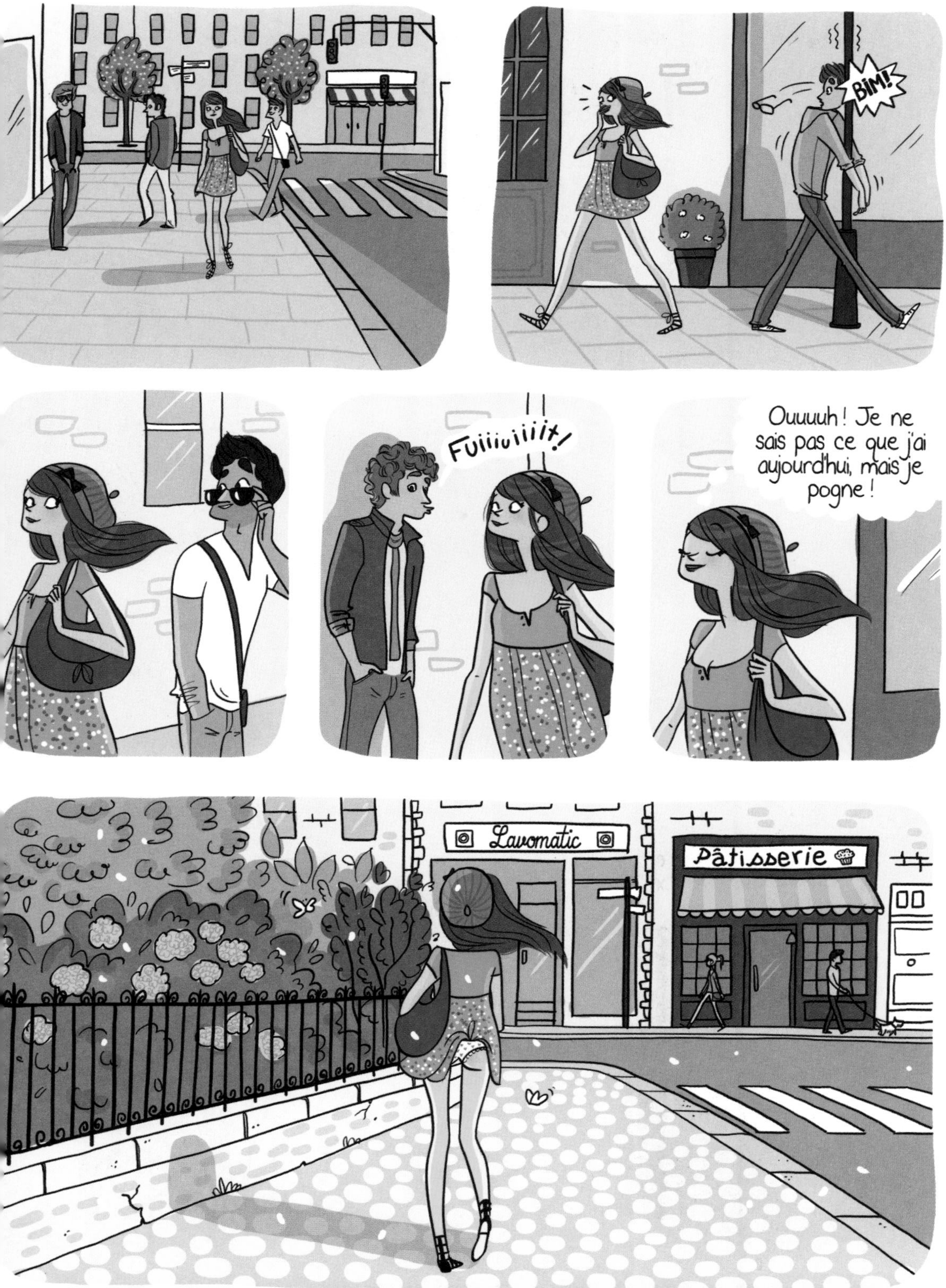
BIM!
Fuiiiuiiiit!
Ouuuuh! Je ne sais pas ce que j'ai aujourd'hui, mais je pogne!
Lavomatic
Pâtisserie

ET ILS VÉCURENT HEUREUX...

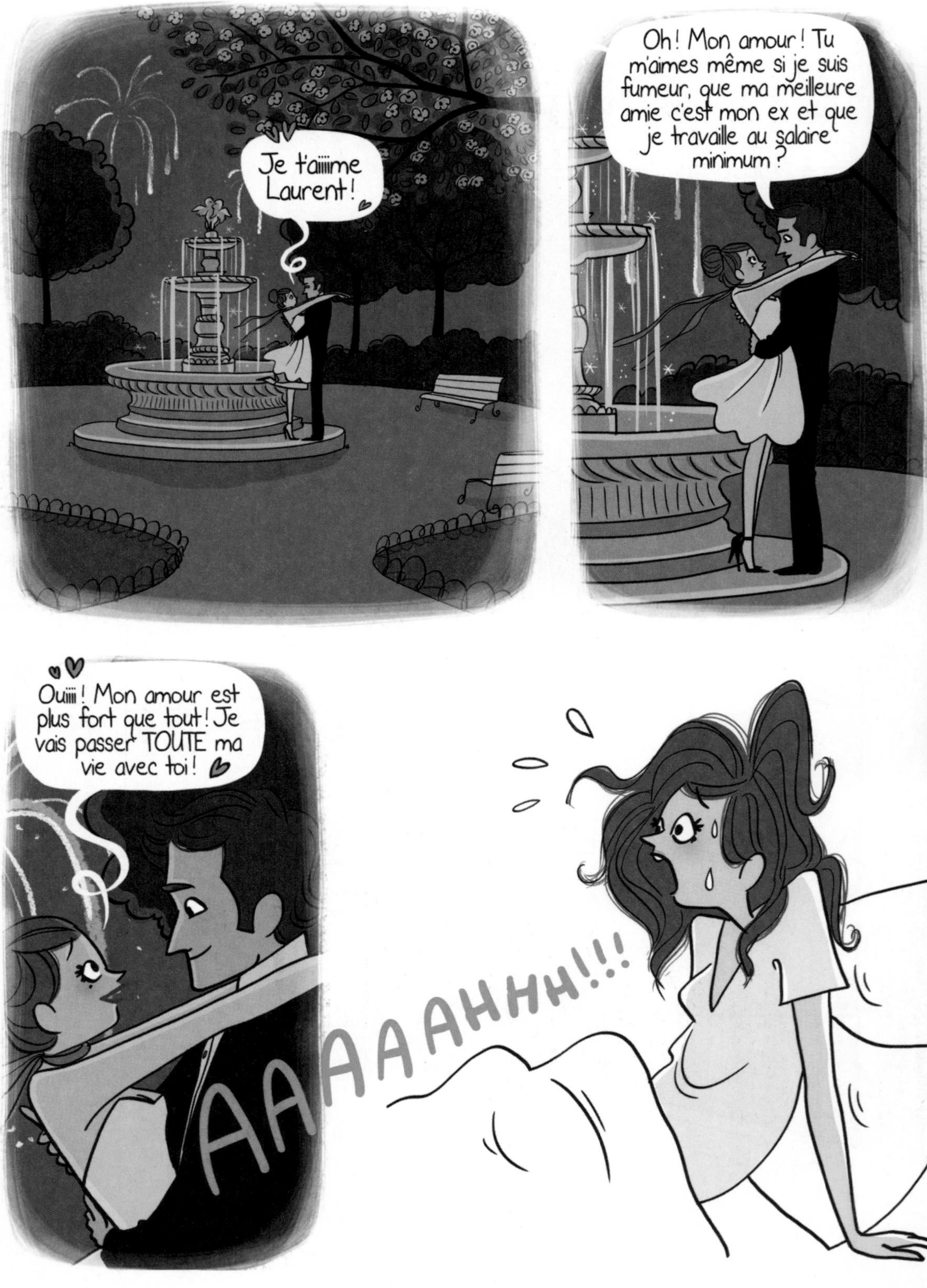

Je t'aiiime Laurent !
Oh ! Mon amour ! Tu m'aimes même si je suis fumeur, que ma meilleure amie c'est mon ex et que je travaille au salaire minimum ?
Ouiii ! Mon amour est plus fort que tout ! Je vais passer TOUTE ma vie avec toi !
AAAAAAHHH!!!

ÉVIDENCE

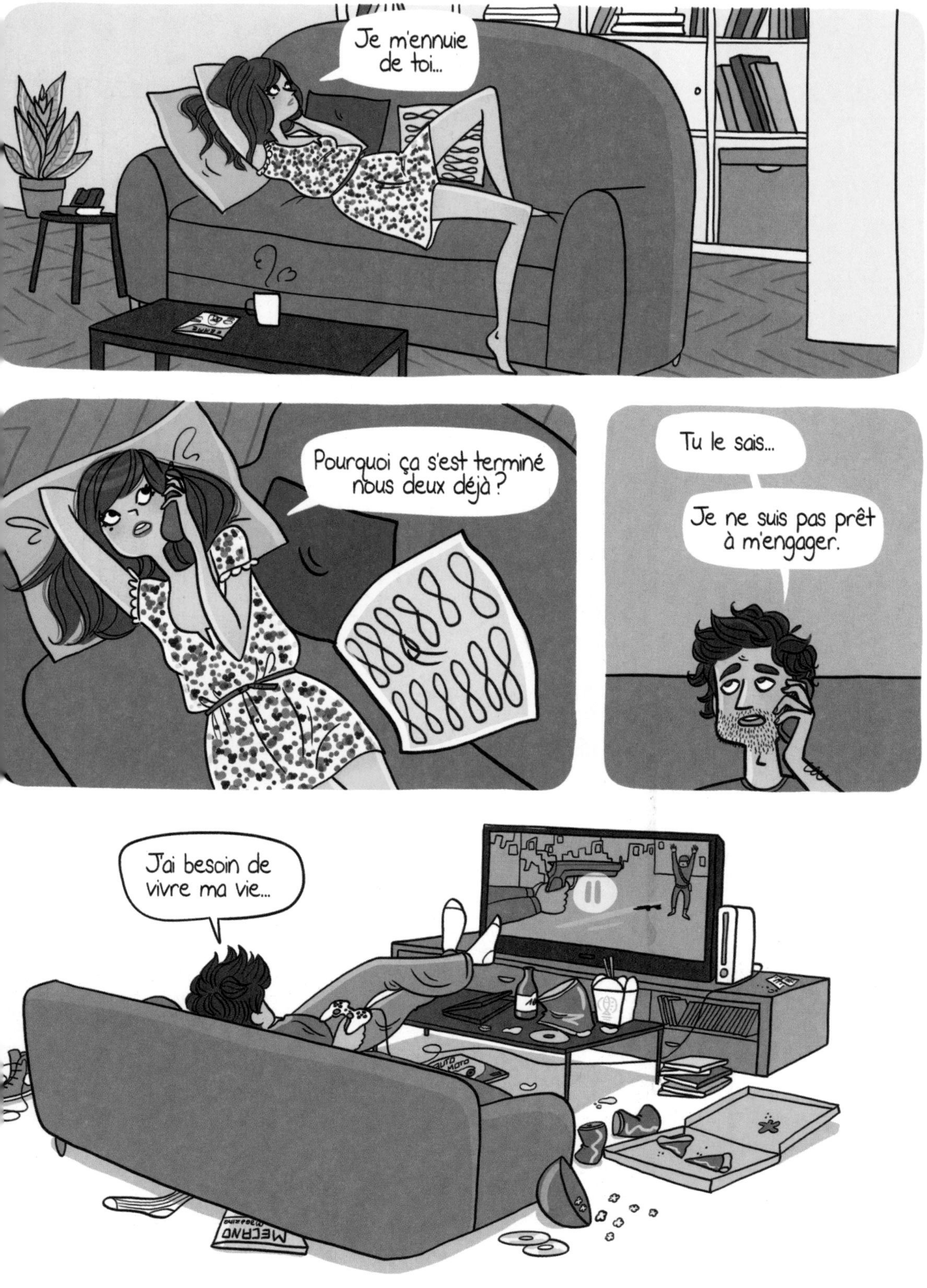
Je m'ennuie de toi...
Pourquoi ça s'est terminé nous deux déjà ?
Tu le sais...
Je ne suis pas prêt à m'engager.
J'ai besoin de vivre ma vie...

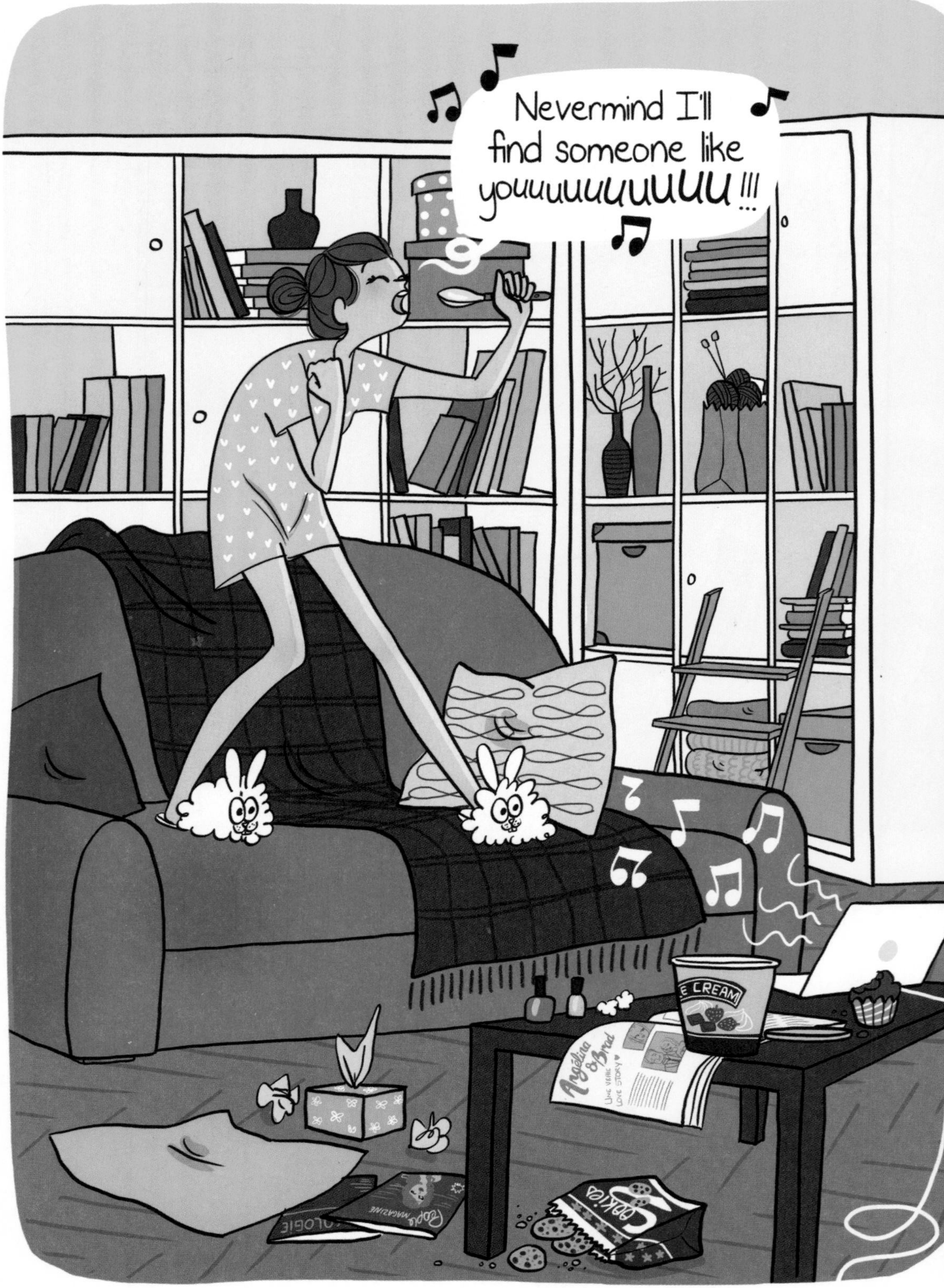
Nevermind I'll find someone like youuuuuuUUUU!!!
ICE CREAM
Angelina & Brad
Une vraie love story
Cookies
MAGAZINE

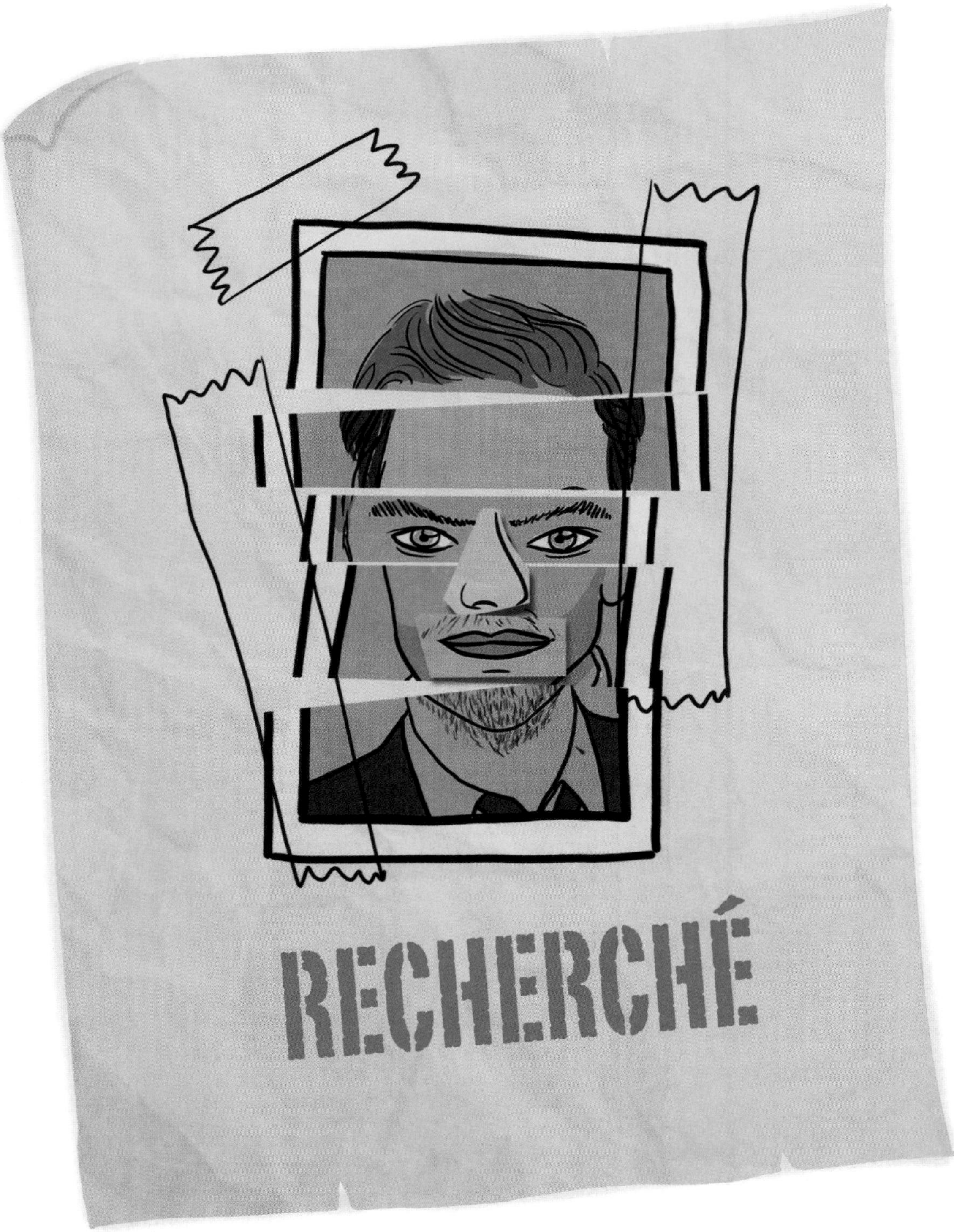
RECHERCHÉ

LONESOME COW-GIRL

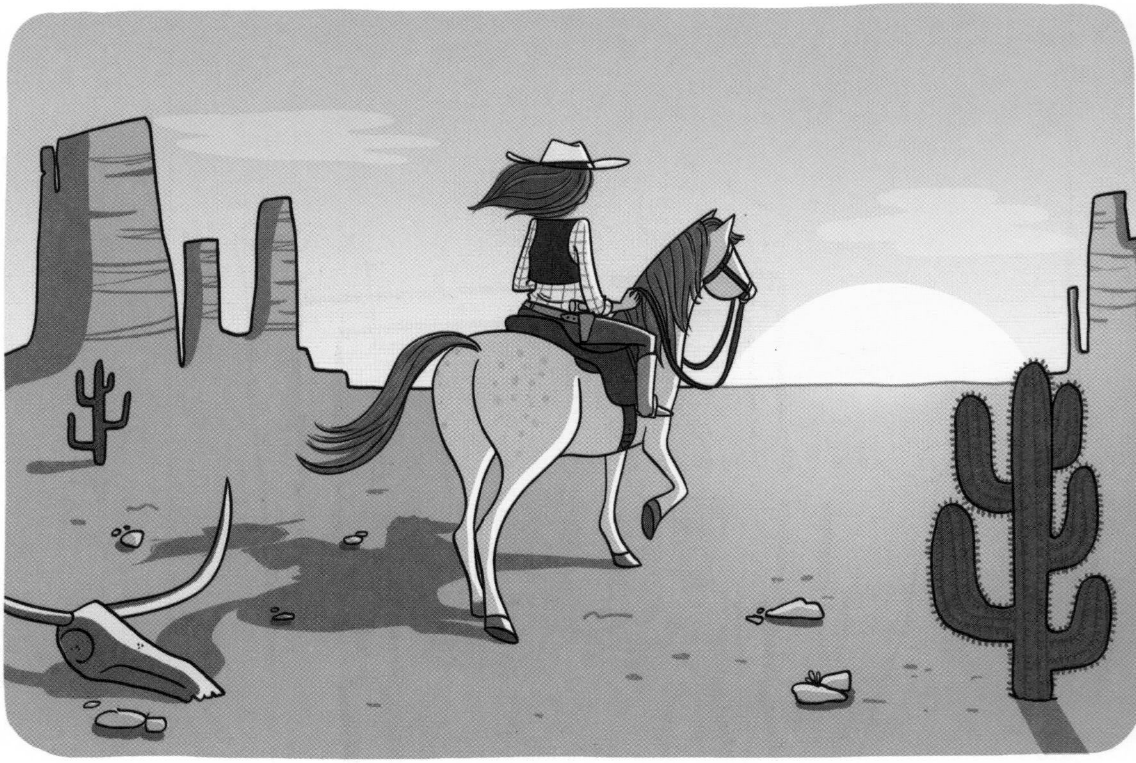

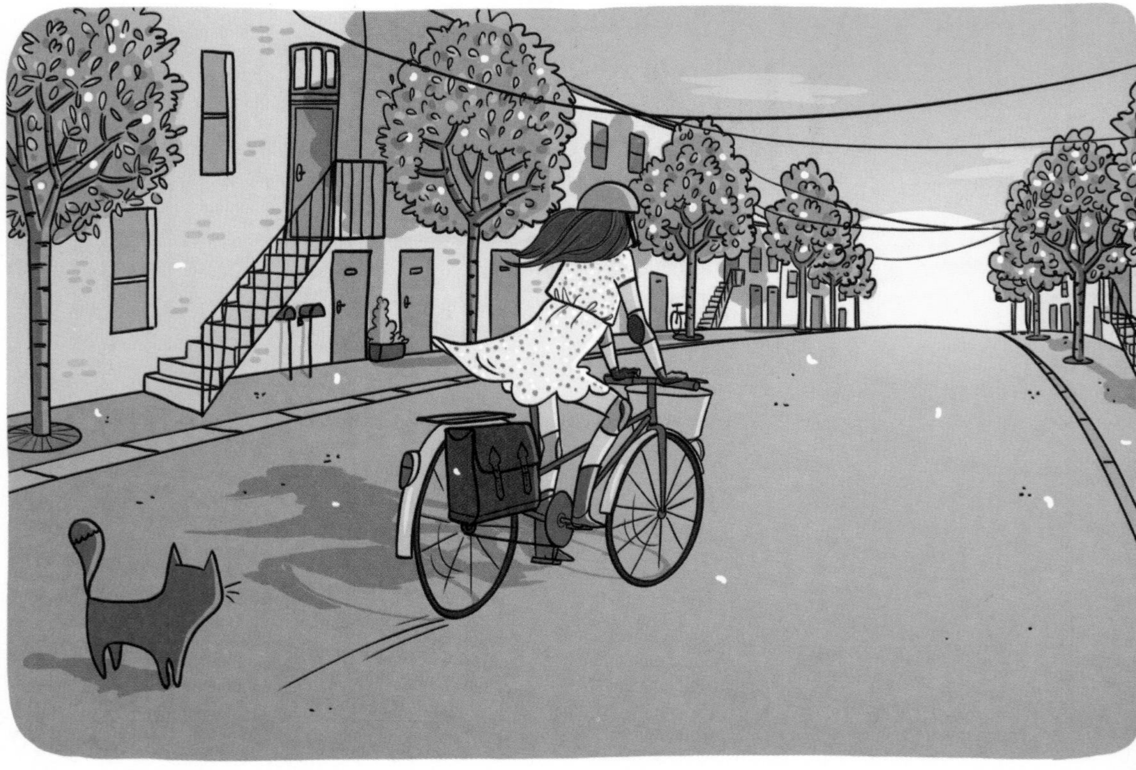

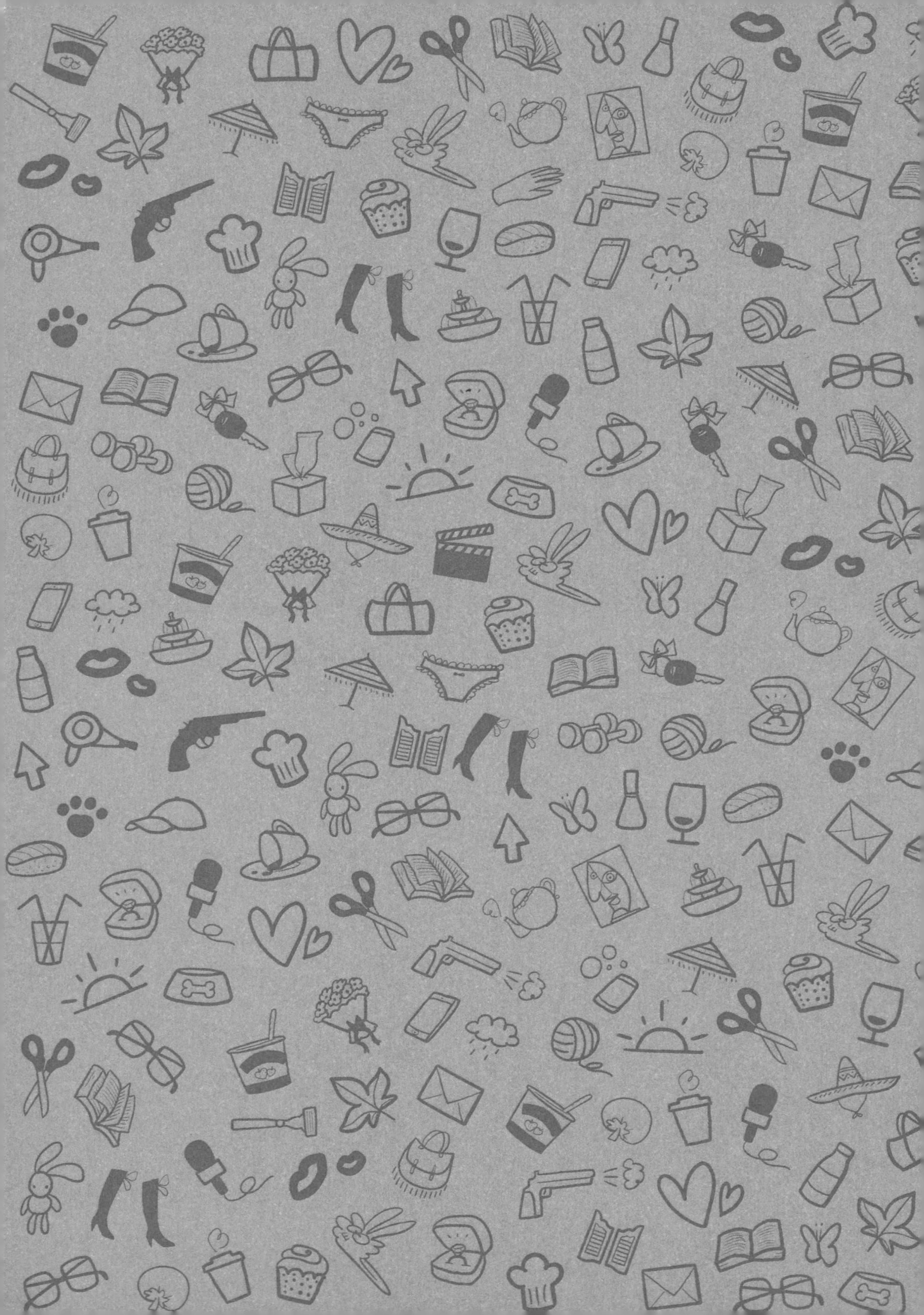